John White

Die Masken der Melancholie

Depression hat viele Gesichter

Verlag der Francke-Buchhandlung GmbH
Marburg an der Lahn

CIP-Kurztitelaufnahme der Deutschen Bibliothek

White, John:
Die Masken der Melancholie:
Depression hat viele Gesichter / John White. [Dt. von Christoph Bluth].
Marburg an d. Lahn: Francke, 1987.
(Edition C: S, Antwort auf Lebensfragen; Nr. 6)
Einheitssacht.: The masks of melancholy ›dt.‹

ISBN 3-88224-555-7

NE: Edition C/S

Alle Rechte vorbehalten
Originaltitel: The masks of melancholy
© 1982 by Inter-Varsity Christian Fellowship of the United States of America
© der deutschsprachigen Ausgabe
1987 by Verlag der Francke-Buchhandlung GmbH
3550 Marburg an der Lahn
Deutsch von Christoph Bluth
Umschlaggestaltung: Litera
Titelillustration: Marcus Hamilton
Satz: Typo Schröder, Dernbach/Dierdorf
Druck: Schönbach-Druck GmbH, Erzhausen

Edition C, Nr. S 6

Inhalt

Teil I: Christentum und Geisteskrankheit
  1. Verschiedene Formen der Depression   8
  2. Sünde, Krankheit und der Teufel 16
  3. Die Heilung der Seele 33

Teil II: Wissenschaft und die Masken
  4. Glaube, Wissenschaft und Psychologie 47
  5. Die Masken der Melancholie 57

Teil III: Das Verstehen von Depressionen und Selbstmord
  6. Theorien über die Depression 79
  7. Das wunderbare Gehirn 99
  8. Anatomie des Selbstmords 107

Teil IV: Wie man mit Depressionen und Selbstmord fertig wird
  9. Mit Selbstmord fertigwerden 131
10. Psychotherapie 141
11. Medikamentöse Therapie 160

Nachwort

Teil I

Christentum und Geisteskrankheit

1. Verschiedene Formen der Depression

„Wenn es eine Hölle auf Erden gibt, dann befindet sie sich in der Melancholie des menschlichen Herzens."

Robert Burton

FALLBEISPIEL 1: STILL WIE EIN STEIN

Ich erinnere mich lebhaft daran, wie sie in einer Ecke meines Büros stand, halb mir und halb der Wand zugewandt. Eine dünne, kleine sechzigjährige alte Dame, still wie ein Stein.

Stumm. Ihre Familie sagte, sie habe seit Tagen kaum gesprochen und wochenlang nichts gegessen. Sie war in schwarz und grau gekleidet.

Ganz sanft ermunterte ich sie zu sprechen. Schließlich tat sie es auch, aber in einer so leisen Stimme, daß ich mich anstrengen mußte, um die Worte mitzubekommen, die über ihre Lippen kamen: „Ich werde sterben ... ich verdiene es, zu sterben ... Gott bestraft mich ... Wir haben kein Geld. Mein Mann ist pleite ... Er versucht mich zu vergiften. Sie alle ..." (Ihr Mann war keineswegs pleite.)

„Aber warum denn?"

„Weil ich böse bin." Sie blickte mich immer noch nicht an.

„Ich möchte Ihnen gerne helfen."

„Nein, Herr Doktor White. Sie würden mich auch vergiften."

„Aber Sie wissen doch, daß das nicht stimmt."

„Aber man muß mich vergiften. Ich bin böse."

„Zu böse, als daß man Ihnen vergeben könnte?"

„Gott hat mich verlassen. Ich bin zu böse."

Von diesem Punkt an blieb sie schweigsam und unnahbar. Sie wollte nicht essen. Sie wollte nicht trinken. Die Haut hing trocken und lose von ihren schmächtigen Knochen. Wir hätten sie zwangsweise mit einer Röhre durch die Nase füttern können, aber sie hätte sie herausgezogen. Wir hätten sie intravenös ernähren können, aber sie hätte sich auch dagegen gewehrt, es sei denn, wir hätten sie so festgebunden, daß jeglicher Widerstand unmöglich geworden wäre. Selbst dann, glaube ich, wäre sie gestorben.

Fünf Wochen später, nach vier Elektroschockbehandlungen und mit der Hilfe von Medikamenten war sie zu ihrem früheren Wesen zurückgekehrt – voller Energie und Freude, geschäftig und „voll der Freude im Herrn".

Sie hatte von den dreißig Pfund, die sie während ihrer depressiven Krankheit verloren hatte, zehn wieder zugenommen und war voller Zukunftspläne. Sie aß gut, schlief gut und hatte alle Energie, die sie brauchte.

FALLBEISPIEL 2: WOCHENLANG MACHTE ER SICH SORGEN

Einer meiner Söhne, zwanzigjährig, schien wochenlang lustlos und besorgt. Er schlief schlecht und schien Gewicht zu verlieren. Eines Tages rief er mich in meinem Büro an.

„Ich möchte mit dir reden, Papa."

„Gerne. Wann denn?"

„Sobald du einmal eine Stunde frei hast. Es ist nicht sehr dringend." Seine Stimme hörte sich matt an, aber ich dachte, ich könnte in ihr einen scharfen Ton hören.

„Wie wäre es mit heute abend?"

„Ich möchte dich in deinem Büro besuchen."

In meinem Büro? Das war etwas Neues. Wir verabredeten einen Termin, der uns beiden paßte.

Er sah angespannt aus, als er ankam, und setzte sich steif auf seinen Stuhl. Er sagte, er wüßte nicht, wo er anfangen sollte, aber als er einmal anfing, flossen die Worte in einem stetigen Strom aus ihm heraus.

Etwa eine Stunde später war das Lächeln auf sein Gesicht zurückgekehrt, er lehnte sich entspannt zurück und sagte ruhig: „Du kannst dir nicht vorstellen, wie froh ich bin, daß ich zu dir gekommen bin."

Am Abend sagte meine Frau: „Er war wie verwandelt, als er nach Hause kam. Ich bin so froh, daß er es mit dir durchgesprochen hat, worum es sich auch gehandelt haben mag."

FALLBEISPIEL 3: „WIE IST ES MIT VERGEBUNG?"

Er war ein vierzigjähriger Junggeselle, der bereits mehrere Wochen in der psychiatrischen Abteilung verbracht hatte. Er war sicher, er habe Krebs, und meinte, wir alle machten ihm etwas vor, wenn wir ihm sagten, daß es keinerlei Anzeichen dafür gäbe. Er hatte keine Energie und keinen Appetit, und er konnte nicht schlafen. Man gab ihm Antidepressiva, Aufputschmittel und zehn Elektroschockbehandlungen. Ohne Ergebnis.

Ich bat ihn in mein Büro, um herauszufinden, was mit ihm nicht stimmte. Als er über seine Vergangenheit sprach, schienen ihm vor allem zwei Dinge Sorgen zu bereiten: Vor einigen Jahren hatte er eine Flasche Bier getrunken, obgleich ihm der Arzt das verboten hatte. Von größerer Bedeutung jedoch war die Tatsache, daß er sich im zweiten Weltkrieg vor dem Militärdienst gedrückt hatte. Er hatte Gewissensbisse, weil einige seiner Freunde in Europa ums Leben gekommen waren. Interessanterweise bereiteten ihm beide „Sünden" im gleichen Maße Gewissensbisse.

Während er sprach, ereignete sich etwas Geheimnisvolles. Eine unsichtbare Tür zwischen uns öffnete sich. „Wie ist es mit Vergebung?" fragte ich ihn.

„Ich sehne mich so sehr danach."

„Welcher Religionsgemeinschaft gehören Sie an?"

„Der russisch-orthodoxen Kirche."

„Und was sagt Ihr Priester darüber, wie Sie Vergebung erlangen können?"

„Er spricht nicht sehr viel. Wir gehen zur Beichte."

„Und was geschieht da?"

„Ich gehe nicht sehr oft."

Ich rang um Worte. „Aber wenn Sie gehen würden, warum sollte Gott Ihnen vergeben?"

„Weil Christus gestorben ist. Er hat Blut vergossen."

„Und?"

„Aber ich bin dafür zu schlecht."

Aus einem unerfindlichen Grund wurde ich jetzt wütend. Ich kann keinen logischen Grund dafür angeben. Es geschah einfach. „Was meinen Sie damit – Sie sind zu schlecht?"

Seine Stimme wurde lauter, wie die meine. „Ich verdiene es nicht, daß mir je vergeben wird."

„Sie haben genau recht!"

Er sah mich überrascht an. „Ich kann kein Heuchler sein. Ich muß alles wieder gut machen."

Es mag schwer zu glauben sein, aber mein Zorn steigerte sich. „Und wer meinen Sie sind Sie, daß Sie sagen können, der Tod Christi sei nicht genug für Sie? Wie können Sie meinen, Sie müßten Ihre armseligen Anstrengungen dem großen Geschenk hinzufügen, das Gott Ihnen angeboten hat? Ist sein Opfer für Sie nicht genug?"

Wir starrten uns gegenseitig an, und plötzlich fing er an, gleichzeitig zu weinen und zu beten. Ich wünschte, ich könnte mich an die genauen Worte erinnern. Das erste wahre Gebet, das ein Mensch betet, hat etwas unbeschreiblich Erfrischendes an sich, vor allem, wenn er mit der üblichen Gebetssprache nicht vertraut ist. Soweit ich mich erinnern kann, sagte er ungefähr: „Gott, ich wußte das nicht. Es tut mir wirklich leid. Ich wollte dich nicht beleidigen." Mehr Schluchzen und Tränen, und seine Nase lief. Ich reichte ihm ein Taschentuch. „Gott, danke dir ... Es ist einfach unglaublich ... Ich wußte nicht, daß es so geht ... Ich dachte ..., aber Gott, ich weiß nicht viel ... Ich weiß nicht, wie ich es sagen soll. Danke dir. Vielen, vielen Dank."

Seine Augen leuchteten, und er schüttelte meine Hand. „Vielen Dank, Herr Doktor, vielen Dank. Wie kommt es, daß mir das niemand bisher gesagt hat?" Wir setzten jegliche Medikamente ab.

In der folgenden Woche sprach ich absichtlich nicht viel mit ihm. Es blieb lediglich bei: „Guten Morgen. Wie geht es Ihnen?" Ich wollte, daß andere seine Fortschritte beobachteten. Und das geschah auch. Auf seiner Tabelle stand: „Bemerkenswerte Verbesserung. Scheint nicht mehr unter Depressionen zu leiden. Paranoide Vorstellung kommt nicht zum Ausdruck. Macht realistische Zukunftspläne."

Dann sagte er eines Tages: „Herr Doktor, ich weiß, daß Sie viel zu tun haben, aber ich muß einfach mit Ihnen reden." Sobald er sich hingesetzt hatte, fing er an. „Ich weiß nicht, wie ich es Ihnen sagen soll, aber es ist, als ob ich mein Leben lang blind gewesen bin, und jetzt auf einmal kann ich sehen." Er hatte nie eine Bibel gelesen und nie ein Lied zum Lob Gottes gesungen. Er wußte nicht, was er zitierte.

Sorgfältig überprüfte ich seinen geistigen Zustand, während wir uns unterhielten. Keine Depression. Kein Anzeichen von krankhaften Veränderungen oder Wahnvorstellungen. Er war praktisch wieder ein gesunder Mensch.

FALLBEISPIEL 4: ICH BRAUCHTE KÖRPERLICHE BEWEGUNG

Henry Guenther kam kurz vor Mittag in mein Büro.
„Gehen wir heute zum CVJM, John?"
„Oh, ich weiß nicht. Ich bin müde, Henry – lustlos, ich werde einfach mit nichts fertig. Ich bin niedergeschlagen."
Henry und ich waren früher häufig zusammen joggen und schwimmen gegangen.
„Hör mal, du mußt einfach mal raus aus diesem Büro."
Eine Stunde später stand ich im „Sportclub" des CVJM unter der Dusche und rieb meine prickelnde Haut mit einem Handtuch ab. Dann saß ich ein, zwei Minuten lang entspannt vor meinem Schließfach, bevor ich den Luxus genoß, mich langsam anzuziehen. Ich war ein neuer Mensch. Ich dankte dem Herrn für Henry, der mich zur sportlichen Betätigung überredet hatte.

JENSEITS EINER DEFINITION

Ich habe diese vier Fallbeispiele aus verschiedenen Gründen erwähnt. Jedes Beispiel hat mit Depression zu tun, aber es ist klar, daß nicht alle „Depressionen" in Außmaß und Intensität gleich sind. Meine Mißstimmung im Büro am Morgen läßt sich nicht mit der Qual vergleichen, die die alte Frau erlitt, die vor einigen Wochen in meinem Büro in einer Ecke stand. Meine *Stimmung* war depressiv, aber ich war nicht „krank". Die körperliche Betätigung vertrieb meine Depression wie die Sonne im Morgennebel. Weder mein Sohn noch die alte Dame, die ich zuerst erwähnte, noch der Mann, der Vergebung fand, wären durchs Schwitzen oder durch eine prickelnde Dusche ermutigt worden. Eine schlechte Laune, eine Krankheit, Wahnsinn oder geistliche Gebundenheit – alle vier Zustände können mit Depression bezeichnet werden. Und doch unterscheiden sie sich stark voneinander. Deshalb werden wir im Laufe der Erörterungen das Wort *Depression* definieren müssen.

Schon im Jahre 1917 schrieb Sigmund Freud: „Selbst in der beschreibenden Psychiatrie ist die Definition der Melancholie ungewiß; sie nimmt verschiedene klinische Formen an – manche von ihnen scheinen somatische, andere psychogene Leiden zu sein

–, die sich nicht mit Gewißheit auf einen Nenner bringen lassen." Schade, daß viele seiner psychoanalytischen Nachfolger diesen Worten keine Beachtung geschenkt haben.

Ich kann die Unterschiede nicht genügend hervorheben. Seelsorger, die sich darum bemühen, deprimierten Menschen zu helfen, und Autoren, die über dieses Thema schreiben, vereinfachen die Frage meistens. Depression hat viele Gesichter. Sie läßt sich nicht mit einer einfachen Formel fassen, weil sie durch viele verschiedene und höchst komplizierte Mechanismen entsteht und manchmal so stark auftritt, daß ihre Opfer durch verbale Kommunikation nicht mehr erreichbar sind. Manche Aspekte der Depression sind uns bisher völlig unverständlich geblieben. Es gibt keinen theoretischen Rahmen, der ausreicht, um das Phänomen der Depression zufriedenstellend zu beschreiben.

Ich zögere, darüber zu schreiben, weil viele meiner Kollegen sich streng an exklusive, oft dogmatische und widersprüchliche Theorien halten. Psychiater, Psychologen, Sozialarbeiter, Seelsorger und viele andere, die gern helfen möchten, verachten die Standpunkte anderer. Sie können mit denen, die andere Anschauungen vertreten, nicht kommunizieren, und wollen das anscheinend auch nicht. Jede Schule hat ihre eigenen Fachausdrücke und ihre eigenen Modelle entwickelt, was dazu führt, daß eine fundierte Diskussion durch unnötige Sprachverwirrung behindert wird. Selbst die Sprache, die wir gebrauchen, unterscheidet sich so sehr, daß die Schaffung neuer Wirklichkeiten mit neuen Worten andere „Wirklichkeiten" als sinnlos erscheinen läßt.

Ich würde gerne jegliche Kontroverse vermeiden und direkt mit der Beschreibung dessen beginnen, was ich die vielen Masken der Melancholie nenne, und Methoden vorschlagen, die zur Gesundung der Opfer beitragen sollen. Aber ich muß über meine Grundvoraussetzungen und meine philosophische und wissenschaftliche Grundlage offen Auskunft geben.

Ich werde mich mit der Frage auseinandersetzen müssen, ob die Depression oder irgendwelche Varianten in irgendeinem Sinne eine Krankheit darstellen, oder ob sie besser als eine Form menschlichen Verhaltens oder gar der Kommunikation anzusehen sind. Und wenn sich die Frage der Krankheit stellen sollte, stehen wir vor der Frage: Was für eine Krankheit? Des Leibes? Des Gemüts? Des Geistes? Wenn es sich um eine Krankheit des

Gemüts handelt, müssen wir fragen: Was ist das Gemüt? Diese Fragen werden in Kapitel zwei und drei behandelt.

Der zweite Teil beschreibt die Art und Weise, wie Psychologen und Psychiater die Symptome und Grade verschiedener Depressionen analysiert haben. Teil drei behandelt zehn verschiedene Modelle, die von Theoretikern gebraucht werden, um Depression zu verstehen, und am Schluß wird die Selbstmordfrage diskutiert.

Für manche Leser werden einige Abschnitte im dritten Teil sehr theoretisch sein. Aber wenn Sie irgendeine professionelle Ausbildung gemacht haben oder durch das Studium von Büchern auf den Kurs einer bestimmten Schule getrimmt worden sind, möchte ich Sie bitten, kein Urteil zu fällen, bis Sie sich einem breiteren Denken geöffnet haben. Engstirnigkeit, ob in der Wissenschaft oder Philosophie, stärkt nur unser aufgeblähtes Ego und verringert die Chancen der Gesundung derer, denen wir helfen wollen.

Es ist eine Tatsache, daß nicht jede Therapie, ganz gleich wie sorgfältig sie angewandt wird, jede Depression erleichtert. Anstatt nun zuzugeben, daß unsere Therapie nicht immer angemessen ist, schieben wir die Schuld auf die depressive Person. Sie ist nicht „hilfsbereit", es fehlt ihr an Motivation oder Einblick. Sie wird als „unreif" bezeichnet, oder man beschuldigt sie, „auszuweichen". Manchmal sind diese Urteile korrekt. Manchmal jedoch sehen wir Menschen durch die Brille unserer theoretischen Voreingenommenheit. Es ist einfacher, die Schuld auf den Patienten zu schieben und unsere Überzeugungen unangetastet zu lassen.

Pastoren und Seelsorger haben ihre eignen Methoden. Die Worte, die sie gebrauchen, sind anders, aber es sind Worte, die die Schuld auf die bedrückte Person schieben, der „es an Glauben mangelt", die „voller Selbstmitleid ist", „nicht gewillt, sich am Herrn zu freuen", „dem Teufel Platz macht" oder „einen Tritt in den Hintern braucht". Manchmal hat der Pastor recht. Aber manchmal liegt das eigentliche Problem im unzureichenden Verständnis des Seelsorgers.

Glücklicherweise wurde in den späten siebziger Jahren versucht, zwischen den Haupttheorien Brücken zu schlagen. Führende Denker verschiedener Richtungen haben mit einer neuen Demut und Neugierde zugegeben, daß nicht nur ihre Anschauungen halbwegs richtig sind, sondern daß andere Denkmodelle auch ihre Vorteile haben. Der letzte Teil dieses Buches, Teil vier, beschäftigt sich damit, wie diese angewandt worden sind.

Wir erinnern Ärzte oft daran, daß der Patient wichtiger ist als die Theorie, und Chirurgen, daß eine Operation *kein* Erfolg ist, wenn der Patient stirbt. Ich besitze auch meine Vorurteile und bedarf der Korrektur. Aber mein Hauptanliegen gilt den Menschen, die von der Depression betroffen sind. Wir müssen achtgeben, daß sie nicht die Opfer unserer Inkompetenz und Einbildung werden.

Ich werde traurig und manchmal bitter, wenn ich an die Menschen denke, die unnötig leiden, obwohl Hilfe möglich wäre. Es ist nicht meine Aufgabe, jene anzuklagen, deren Stolz und Engstirnigkeit bei depressiven Menschen zu unnötigem Leid geführt haben. Ich bin auch engstirnig und stolz gewesen. Mein Zorn nützt den Millionen von Menschen, die sich gar nicht erst um Hilfe bemühen, noch weniger. Deshalb habe ich beschlossen, meine Bitterkeit durch ein Buch zu überwinden, das hoffentlich zu einer besseren Kommunikation zwischen denen führen wird, die sich damit befassen, depressiven Menschen zu helfen, und das vor allem denen, die unter Depression leiden, zu einer effektiveren Erleichterung ihres Leidens verhilft.

2. Sünde, Krankheit und der Teufel

„Die Geisteskranken hat es immer unter uns gegeben – sie wurden gefürchtet, bewundert, ausgelacht, man hatte Mitleid mit ihnen oder quälte sie, aber nur allzuselten wurden sie geheilt. Ihre Existenz erschüttert uns bis auf den Grund unseres Wesens, denn sie machen uns schmerzhaft bewußt, daß geistige Gesundheit etwas sehr Zerbrechliches ist. Um mit ihrem Leiden fertigzuwerden, hat der Mensch immer eine Wissenschaft gebraucht, die dahin durchdringen konnte, wo die Naturwissenschaften am Ende sind – in das Universum des menschlichen Gemüts."

F. G. Alexander

Wenn wir uns um ein christliches Verständnis der Depression und vor allem der schlimmeren Formen der Depression bemühen, müssen wir zuerst versuchen, einige Fragen zu beantworten. Was ist körperliche Krankheit und in welcher Beziehung (wenn überhaupt) steht sie zur Sünde? Gibt es eine Beziehung zwischen Geisteskrankheit und Sünde, und wenn ja, ist sie die gleiche wie zwischen körperlicher Krankheit und Sünde? Was ist das Wesen der Geisteskrankheit, und wie (wenn überhaupt) unterscheidet sie sich von körperlicher Krankheit? Können Dämonen uns körperlich oder geistig krank machen? Wenn ja, wie können wir dämonische Zustände von anderen geistigen und körperlichen Krankheiten unterscheiden? Wie definieren wir das Gemüt?

KÖRPERLICHE KRANKHEIT UND SÜNDE

Es gibt in der Tat Verbindungen zwischen Sünde und Krankheit. Die Sünde führt auf zwei verschiedene Weisen zu Krankheit: direkt und indirekt. Alle Krankheit entstammt indirekt der Sünde, während manche dazu noch direkt aus der Sünde hervorgehen. Die Sünde führte zum Fall der Menschheit. Mit dem Sündenfall kam die Sterblichkeit des Menschen. Unser Leib wurde den tödlichen Vorgängen, die seine Funktion beeinträchtigen und uns schließlich umbringen, unterworfen. Gott hatte den Menschen gewarnt: „... denn an dem Tage, da du von ihm issest, mußt du des Todes sterben" (1. Mose 2, 17). Aber die Warnung war vergeblich. Als die Versuchung kam, wurde zuerst die Frau und dann der Mann ungehorsam.

„Und zum Weibe sprach er (Gott): Ich will dir viel Mühsal schaffen, wenn du schwanger wirst; unter Mühen sollst du Kinder gebären" (1. Mose 3, 16). Der Schmerz begann mit dem Ungehorsam im Garten Eden.

Der Fluch beschränkte sich nicht auf die Menschheit, sondern verdarb die gesamte Schöpfung, deren Bestandteil wir sind. Nachdem Gott seine Schöpfung zuerst gesegnet hatte, sprach er jetzt einen Fluch über sie aus. „Verflucht sei der Acker um deinetwillen! Mit Mühsal sollst du dich von ihm nähren dein Leben lang. Dornen und Disteln soll er dir tragen, und du sollst das Kraut auf dem Felde essen" (1. Mose 3, 17-18).

Die Schwangerschaft war offensichtlich nicht als schmerzhafter Vorgang geplant worden. Der Acker sollte ursprünglich keine Dornen und Disteln hervorbringen. Aber die Umstände änderten sich. Die Menschheit und ihre Umgebung verdarben.

Das beachtenswerteste Element des Fluches war das Todesurteil. „Im Schweiße deines Angesichts sollst du dein Brot essen bis du wieder zu Erde werdest, davon du genommen bist. Denn du bist Erde und sollst zu Erde werden" (1. Mose 3, 19).

So kam der Tod in die Welt. Menschen wurden sterblich, dem Verfall, der Krankheit und dem Tod unterworfen. Der Samen der Menschen, wie der Samen der Pflanzen und Tiere, war vom Tode berührt. Neue und verzerrte Formen entstanden, als sich die Umgebung änderte, und während manche von ihnen eine einzigartige Schönheit besitzen, ist es doch eine Schönheit, die sich in einem verzerrten Spiegel abbildet. Von jener Zeit an bis heute ist die Menschheit von Krankheiten heimgesucht worden. Die moderne Medizin hat viele Hilfen gebracht, aber dadurch, daß sich unser Verhältnis zu unserer Umwelt ständig verschlechtert, werden wir durch neue und schlimmere Krankheiten bedroht.

Wir können deshalb sagen, daß alle Krankheit indirekt auf Sünde in dem Sinne zurückzuführen ist, daß die Sünde die Menschheit als ganze geschädigt hat und wir dadurch der Degeneration, dem Verfall und der Invasion feindlicher Organismen ausgesetzt sind. Was wir aber nicht sagen dürfen, daß zum Beispiel der Rheumatismus von Tante Maria ein Zeichen dafür ist, daß sie etwas Böses getan hat und daß Gott sie mit Gelenkschmerzen bestraft.

Eine direkte Verbindung zwischen Sünde und Krankheit gibt es nur in bestimmten Fällen. Heute hatte ich mit einem Mann zu tun, dessen Gehirn durch übermäßiges Trinken und unzulängliche Ernährung so sehr geschädigt worden ist, daß er ständig Schwierigkeiten hat, sein Gleichgewicht zu wahren, an Sehstörungen leidet und sein Gedächtnis so stark beeinträchtigt ist, daß er insgemein vergeßlich ist. Seine Leber wird wohl bald ihre Funktion einstellen. Wenn ständige Betrunkenheit eine Sünde ist, dann ist die Krankheit meines Patienten auf Sünde zurückzuführen. Und wenn sexuelle Ausschreitung sündhaft ist, wie es die Bibel sagt, dann ist das Ausbrechen von Geschlechtskrankheiten ein direktes Ergebnis der Sünde.

Aber Sünde kann auch auf weniger offensichtliche Weise Krankheiten verursachen. Das wird zum Beispiel vom Apostel Jakobus angedeutet (Jakobus 5, 13-16), und viele Christen berichten von Erlebnissen, wo Sündenbekenntnis zur Heilung geführt hat. Kurt Koch schreibt zum Beispiel von der sterbenden Frau eines Landwirts, die einen Seelsorger darum bat, sie zu besuchen, damit sie ihre Last noch vor ihrem Tod loswerden konnte. Zwei Stunden lang bekannte die Frau offen ihre Sünden. Sie war dann bereit zu sterben. Doch es kam anders. Als der Seelsorger nach ein paar Tagen wieder vorbeischaute, stand die Bäuerin auf dem Hof und strahlte vor Freude. Er konnte seinen Augen nicht trauen. Was war geschehen? Es stellte sich heraus, daß der Herr ihr aufgrund ihres Sündenbekenntnisses nicht nur vergeben, sondern auch ihren Körper berührt und sie geheilt hatte.

GEISTESKRANKHEIT UND SÜNDE

Wir stellen fest, daß alle Krankheit eine Konsequenz der Sünde ist, die durch den Sündenfall und die Sterblichkeit des Menschen entstanden ist. Außerdem können bestimmte persönliche Sünden zur Krankheit führen. Aber wie bezieht sich das auf die sogenannten Geisteskrankheiten? Sind wir dem Wahnsinn ausgesetzt, weil wir gefallene Menschen sind? Ist Geisteskrankheit auf bestimmte Sünden des Leidenden zurückzuführen?

Diese Fragen sind nicht einfach zu beantworten. Die Geisteskrankheit hat mit dem Geist oder Gemüt zu tun, also mit einem

Bereich unseres Wesens, der irgendwie mit dem Gehirn verbunden ist. Später werden wir uns der Beziehung zwischen Seele und Körper genauer zuwenden. Zunächst aber wollen wir uns ein biblisches Beispiel einer Geisteskrankheit vor Augen führen, die durch eine bestimmte persönliche Sünde – den Stolz – entstand.

Obgleich Nebukadnezar vom Propheten Daniel gewarnt worden war, Buße zu tun und umzukehren, damit ihn nicht eine Geisteskrankheit überkäme, fuhr der babylonische Herrscher fort, sein großes Ego mit Phantasien seiner eigenen Herrlichkeit und Macht zu befriedigen. Ein Jahr später wurde er – inmitten eines Wunschtraums – vom Wahnsinn überwältigt. Sieben Jahre lang lebte er wie ein wildes Tier abseits aller Zivilisation. Aber am Ende dieser Zeit hören wir die Worte von Nebukadnezar: „Zur selben Zeit kehrte mein Verstand zu mir zurück ... Darum lobe, ehre und preise ich, Nebukadnezar, den König des Himmels; denn all sein Tun ist Wahrheit und seine Wege sind recht, und wer stolz ist, den kann er demütigen" (Daniel 4, 34 f.).

Man kann aus einem Bibelabschnitt nur vorsichtige Schlüsse ziehen. Über Nebukadnezars Zustand sind viele Mutmaßungen angestellt worden. Ich wage mich nicht an eine Diagnose, eines jedoch ist sicher: Er litt an einer Geisteskrankheit. Es ist ebenfalls klar, daß sein Zustand nicht durch dämonische Besessenheit oder Zwänge verursacht wurde. Ich sage das, weil Daniel Nebukadnezars Bericht der Ereignisse kommentarlos zu akzeptieren scheint. Daniel war in chaldäischem Sagengut mit den verschiedensten Vorstellungen von Zauberei und Dämonen ausgebildet worden. Er war auch mit den Mächten der Dunkelheit und dem Kampf im himmlischen Bereich durch sein außerordentliches Gebetsleben vertraut (Daniel 10, 10-14). Wären Dämonen für Nebukadnezars Wahnsinn verantwortlich gewesen, wäre es wirklich erstaunlich, daß Daniel seine Beschreibung in allen Einzelheiten wiedergibt – dabei auch die Interpretation von Nebukadnezar akzeptiert, seinen „Verstand" verloren und wieder zurückgewonnen zu haben – und Dämonen unerwähnt läßt.

Wir können aus der Geschichte von Nebukadnezar einen weiteren Schluß ziehen. Seine Geisteskrankheit war eine göttliche Bestrafung für seine eigenen Sünden. Seine Heilung erfolgte, nachdem er sein Antlitz gen Himmel erhob. Es scheint deshalb möglich, daß eine gestörte Beziehung zu Gott uns dem Risiko der Geisteskrankheit aussetzt und daß eine richtige Beziehung zu Gott ein Schritt in Richtung geistiger Gesundheit ist. Wenn Gott uns als sein Gegenüber geschaffen hat, was wäre natürlicher? Es wäre jedoch nicht klug, Schlüsse auf Einzelfälle ziehen zu wollen. Manche Menschen bleiben trotz einer gestörten Beziehung zu Gott geistig gesund, und andere werden trotz eines guten und richtigen Verhältnisses zu Gott geisteskrank.

Die Geschichte des Sündenfalls im ersten Buch Mose kann auch dahingehend interpretiert werden, daß wir alle zum Opfer geistiger Krankheit werden können. Der Ungehorsam in Eden führte zu Furcht, zur Scham (1. Mose 3, 10) und zu einer Veränderung der geschlechtlichen Beziehungen (1. Mose 3, 16), drei Dinge, die in Beziehung zur geistlichen Gesundheit stehen. Ich bin persönlich davon überzeugt, daß unsere allgemeine Anfälligkeit zu geistiger Krankheit am Anfang der menschlichen Geschichte erwachsen ist und nicht als Konsequenz persönlicher Sünde oder dämonischer Macht gesehen werden darf. Geistige Gesundheit ist wie körperliche Gesundheit. Wir alle können sie leicht verlieren. Zusätzlich tritt sie manchmal aufgrund einer bestimmten persönlichen Sünde auf.

Aber es gibt noch einen weiteren Punkt, den wir diskutieren müssen, wenn wir uns mit der geistigen Gesundheit in der Antike beschäftigen. Fachleute der Humanwissenschaften haben arrogant erklärt – vermutlich ohne die antike Literatur erforscht zu haben –, daß die Menschen der Antike in ihrer Unwissenheit Geisteskrankheit stets als etwas Dämonisches sahen. Das stimmt nicht.

Wir haben bereits den Fall von König Nebukadnezar beschrieben. Wir könnten uns auch König David ansehen. Als im Stadtkönigreich von Gath sein Leben in Gefahr war, gab er vor, irre zu sein. „Und er stellte sich wahnsinnig vor ihren Augen und tobte unter ihren Händen und rannte gegen die Pforte des Tores und ließ seinen Speichel in seinen Bart fließen. Da sprach Achis zu seinen Großen: Ihr seht ja, daß der Mann wahnsinnig ist; warum habt ihr ihn zu mir gebracht? Hab ich zuwenig Wahnsinnige, daß ihr diesen herbrachtet, bei mir zu toben" (1. Samuel 21, 13-15)?

Zwei Dinge fallen hier auf. David besaß eine Vorstellung des Wahnsinns, die von Achis, dem König von Gath, geteilt wurde. Beide wußten, wie sich der Wahnsinn offenbarte. Aber David kannte auch das Dämonische, und unterschied es offensichtlich vom Wahnsinn. Von einem „bösen Geist vom Herrn" geplagt, versuchte Saul mehrfach, David umzubringen (1. Samuel 16, 14-23;

19, 8-10). David kannte die Macht dämonischen Einflusses aus eigener direkter Erfahrung. Was er in Gath nachahmte, war nicht dämonische Besessenheit, sondern Wahnsinn. Deshalb muß es in der damaligen Zeit eine Unterscheidung zwischen Wahnsinn und Dämonie gegeben haben. Eine Reihe von anderen Bibelstellen, die sich auf Wahnsinn beziehen, zeigen, daß man eine genaue Vorstellung von Wahnsinn in der hebräischen Kultur hatte (5. Mose 28, 28; Prediger 1, 17; 2, 2.12; 7, 25; 9, 3; 10, 13; Jeremia 25, 16; 50, 38; 51, 7).

Auch im Neuen Testament kommt Wahnsinn vor. Festus beschuldigte Paulus des Irrsinns. Dabei gebrauchte er ein Wort, aus dem sich unser Wort „Manie" abgeleitet hat (Apostelgeschichte 26, 24). Jesus wurde der Manie und der dämonischen Besessenheit beschuldigt. Als Rhode einer erstaunten Schar von Jüngern ankündigte, daß Petrus vor der Tür stand, hielten sie sie „von Sinnen" oder „manisch". Das Wort „manisch" bedeutet jedoch nicht „von Dämonen besessen". Wie verrückt Rhode auch zu sein schien, ihre Brüder und Schwestern hätten sie kaum der Besessenheit beschuldigt (Apostelgeschichte 12, 15).

Auch warnte Paulus die Gemeinde in Antiochien, daß die Art und Weise, in der sie die Gabe des Zungenredens gebrauchten, eine unbekehrte Person zu der Überzeugung führen könnte, sie seien „von Sinnen" (1. Korinther 14, 23). Zwei andere Wörter im Neuen Testament sind die Wurzeln, von denen die modernen Begriffe der Paranoia und Schizophrenie abgeleitet sind (siehe Lukas 6, 11 und 2. Petrus 2, 16).

DÄMONEN UND GEISTESKRANKHEIT

Zweifelsohne waren zur Zeit des Neuen Testaments häufig Dämonen am Werk. Jesus trieb sie aus. Seine Jünger trieben sie aus. Vor allem erklärte Jesus, daß ein Zeichen wahrer Nachfolge nach seiner Himmelfahrt das Austreiben der Dämonen sein würde: „Die Zeichen aber, die da folgen werden denen, die da glauben, sind die: in meinem Namen werden sie böse Geister austreiben" (Markus 16, 17). Ungewöhnliche Geisteszustände wurden sowohl im Alten als auch im Neuen Testament entweder als Wahnsinn oder dämonische Besessenheit eingestuft, und diese beiden Zustände konnte man voneinander unterscheiden.

Bei modernen Christen finde ich verschiedene Einstellungen zu Dämonen. Es gibt Enthusiasten, die überall Dämonen entdecken und sie binden, austreiben oder in die äußere Finsternis vertreiben wollen, in die sie gehören. Manche behaupten sogar, sie hätten eine besondere „Mission" im Kampf gegen finstere Mächte. Das andere Extrem sind Christen, die überhaupt nicht an Dämonen glauben. Dazwischen befinden sich diejenigen, die sich in dieser Sache nicht sehr sicher sind. Sie glauben, daß es Dämonen gibt und daß sie immer noch eine Rolle spielen. Trotz ihres biblischen und theologischen Wissens und ihrer psychologischen Fachkenntnis können sie über Dämonen gut reden, aber nicht so leicht ihre Aktivität aufspüren und mit ihnen fertigwerden. In punkto Dämonologie sind die meisten von uns weder heiß noch kalt.

Zunächst einmal möchte ich einige grundsätzliche Bemerkungen vorausschicken. Für mich besteht kein Zweifel daran, daß Dämonen in unserer Welt aktiv am Werk sind. Doch alle drei Positionen, die ich oben geschildert habe, bergen Gefahren in sich: „Denn wir haben nicht mit Fleisch und Blut zu kämpfen", schrieb Paulus den Christen, die darum kämpften, für Christus zu leben, „sondern mit Mächtigen und Gewaltigen, nämlich mit den Herren der Welt, die in dieser Finsternis herrschen, mit den bösen Geistern unter dem Himmel" (Epheser 6, 12). Die dunklen Horden umgeben uns. Sie zu ignorieren ist gefährlich. Sie werden sich dem geringsten Versuch unserer ernsthaften Nachfolge widersetzen. Diejenigen, die nicht an sie glauben oder jede Besorgnis über die Aktivität von Dämonen als lächerlich abtun, werden nie wirksame Soldaten Christi sein. Das Böse ist persönlich, mächtig, real und befindet sich überall.

Aber manche von denen, die sich mit Begeisterung in diesem Kampf einsetzen, sind der Gefahr ausgesetzt, von dem Feind verspottet zu werden, über den sie soviel reden. Sie richten oft mehr Schaden als Gutes an, weil sie manchmal versuchen, Dämonen auszutreiben, wo keine sind. Sie helfen unbewußt denjenigen, die nach einer Entschuldigung (in Form eines Dämons) für persönliche Sünde suchen, die bekannt und aufgegeben werden muß. Die Gefahr besteht auch, Satan mehr Aufmerksamkeit als Christus zu schenken. Oder sie verursachen Christen viel Kummer, indem sie sie auffordern, sich von Dämonen loszusagen, die gar nicht existieren. Manche angefochtenen Christen leiden bereits an einer schwächenden Krankheit und müssen jetzt noch mit der zusätzlichen Last der Schuld fertigwerden, die ihnen von Seelsorgern fälschlich aufgedrängt worden ist, weil sie angeblich den Mächten der Dunkelheit nicht hinreichend widerstanden haben.

Die Position in der Mitte der Extreme ist jedoch auch nicht ohne Gefahren. Wir sagen, wir glauben an die Realität der Dämonen, aber glauben wir wirklich daran? Zu bekennen, daß man an eine unmittelbare Gefahr glaubt, aber unfähig zu sein, diese Gefahr zu erkennen und zu beseitigen, ist keine beneidenswerte Situation. Sind wir nur Zuschauer im geistlichen Kampf? Gewiß, wir nehmen die Schrift ernst, wir glauben der Bibel. Aber unser sogenannter Glaube wäre angesichts des Mannes, der von vielen Dämonen besessen war und die Ketten aus dem Felsen riß, ohnmächtig. Wir sollten mehr bereit sein, das Risiko in Kauf zu nehmen, verspottet zu werden und uns aktiv am Kampf beteiligen.

Unsere Frage ist jedoch noch unbeantwortet: Welche Beziehung besteht zwischen Dämonen und Geisteskrankheiten heute? Wir haben gesagt, daß es in der Schrift beide gibt und sie genau unterschieden werden. Wenn wir die Frage etwas allgemeiner formulieren: Welche Beziehung besteht zwischen Krankheit im allgemeinen zu der Aktivität von Dämonen, kommen wir einer Antwort näher. In Markus 9, 14-29 finden wir eine genaue Beschreibung eines taubstummen Knaben, der an epileptischen Anfällen litt und der dadurch geheilt wurde, daß Jesus einen quälenden Geist austrieb. Taubheit und Epilepsie werden allgemein als körperliche Krankheiten angesehen. In diesem Fall jedoch hatten sie eine dämonische Ursache. Ein anderes Mal trieb Jesus einen bösen Geist von einem tauben und blinden Mann aus (Matthäus 12, 22-24), um diese „körperlichen" Krankheiten zu heilen. Oft jedoch heilte er Taubheit, Stummheit, Blindheit und andere Krankheiten, ohne Dämonen auszutreiben. Er behandelte sie als körperliche Schwächen, ohne sie zu persönlicher Sünde oder mit Dämonen in Beziehung zu setzen (Johannes 9, 1-7).

Wir können erkennen, daß im Alten und Neuen Testament alle Krankheit – geistig und körperlich – entweder aus dämonischer Tätigkeit oder menschlicher Sterblichkeit erwächst und deshalb entweder Exorzismus oder Heilung nötig ist, je nachdem, worum es sich handelt. Diese Meinung wird von einer Reihe bekannter christlicher Psychiater und Psychologen vertreten. Dr. Alfred Lechler setzt die Unterscheidung zwischen dem Dämonischen und anderen Geisteszuständen voraus, wenn er schreibt: „Man kann ...

verstehen, wieso bei der Diagnose Fehler gemacht werden, besonders weil viele Reichsgottesarbeiter dazu neigen, jede Geisteskrankheit als einen Ausdruck des Dämonischen zu sehen, und weil viele Psychiater Besessenheit als eine Art von Geisteskrankheit deuten." Er fügt die interessante Beobachtung hinzu: „Wenn eine Person ständig davon redet, besessen zu sein, leidet sie in Wirklichkeit an einer Form von Geisteskrankheit und nicht unter dämonischem Einfluß." Das Problem wird dadurch so kompliziert, daß bei vielen Formen der Geisteskrankheit Halluzinationen und Einbildungen aus dem Rohmaterial unseres Gedächtnisses gesponnen werden. Wenn unsere Gedanken Vorstellungen von Dämonen enthalten, dann hören wir „dämonische" Stimmen, wenn uns eine Geisteskrankheit überkommt, oder haben Wahnvorstellungen von Dämonen in und um uns. Wir spinnen den Irrsinn aus den Fäden der Gedanken, die uns bestimmen.

DÄMONISCHE GEISTESKRANKHEIT

Ich habe bereits auf meine Schwierigkeiten in bezug auf dämonische Besessenheit hingewiesen. Ich bin der Überzeugung, daß manche (vielleicht sogar viele) Personen, die als geisteskrank diagnostiziert worden sind, in Wirklichkeit von Dämonen besessen sind. Trotzdem muß ich zugeben, daß es mir nicht möglich ist, meine westliche Denkweise ohne enorme innere Kämpfe aufzugeben, und es fällt mir deshalb oft schwer, sicher zu sein, ob bei einem bestimmten Fall Dämonen im Spiel sind. Ich muß auch zugeben, daß es mir an Glauben mangelt, wenn es darum geht, mein Recht in Anspruch zu nehmen, mich auf die Autorität von Jesus zu berufen, und daß mein Stolz mir Furcht einflößt, daß ich mich vor meinen Kollegen und Studenten lächerlich machen werde. Ich bekenne diese Dinge mit Scham, obwohl ich hinzufügen will, daß ich von Gott die Einsicht und Autorität erbitte, die mir fehlt.

Eine Reihe von Dingen sind für mich schwer zu verstehen. Demütig sehe ich, wie Gott manchmal brandneue Christen gebraucht, um Dämonen auszutreiben, die ich nicht ausgetrieben habe. Es wundert mich auch, daß ich selbst zur Austreibung von Dämonen gebraucht worden bin und erst hinterher gemerkt habe, was geschehen war. Es verwirrt mich, daß selbstherrliche Exorzisten, die meinem Urteil nach töricht und manchmal sogar Schurken sind, gelegentlich Dämonen mit den seltsamsten Ritualen austreiben. Letztlich bin ich mir nicht über mein Recht im Klaren, bei Patienten Dämonen auszutreiben, die anscheinend von ihnen besessen sind und die sich weigern, ihre Zustimmung zu der Behandlung des eigentlichen Problems zu geben.

Ich möchte hier so genau wie möglich einige der Fälle von Besessenheit schildern, die ich selbst erlebt habe. Der erste fand in einem Ausbildungslager für Missionare statt. Spät in der Nacht wurde ich mit der Bitte geweckt, mit einem vierzigjährigen Junggesellen, einem Missionskandidaten zu reden, der sich seltsam benahm. Ich bat, mit ihm allein gelassen zu werden, weil ich nicht wollte, daß die anderen Missionskandidaten Zeugen meiner Zweifel und Ungewissheit würden.

Der Mann, um den es sich handelte, saß aufrecht in seinem Bett und riß sich langsam und systematisch Strähnen von Haaren aus. Ein Haufen Haar lag auf seinem Schoß. Zuerst schien er sich meiner Gegenwart nicht bewußt zu sein. Er sah mich weder an noch anwortete er auf meine Fragen.

Mein Patient schien in tiefe Depression gefallen zu sein. Ich drängte ihn, seine Sünde aufzugeben, obwohl ich von keiner Sünde wußte, derer er sich schuldig gemacht hatte. Meine Worte durchbohrten jedoch irgendwie seine Rüstung. Langsam fing er an zu antworten. Er griff mich an mit Anschuldigungen über meine eigenen Sünden und mein Versagen. Er richtete seine Worte jedoch an das Ende des Bettes und wich sorgfältig meinem Blick aus, während er mit seinen verbalen Angriffen gegen mich immer mehr in eine Rage geriet, ein Verhalten, daß mit seiner gewöhnlich höflichen und sanften Persönlichkeit völlig unvereinbar erschien. Letzten Endes willigte er ein, daß ich mit ihm betete. Nach dem Gebet legte er sich aufs Bett und schlief ein. Am Morgen konnte er sich an diese Ereignisse überhaupt nicht erinnern. Er war munter und geistig wiederhergestellt. Später heiratete er, hatte Kinder und diente Gott viele Jahre auf dem Missionsfeld, und so weit ich weiß, sind diese Schwierigkeiten nie wieder aufgetreten. Meine persönliche Überzeugung ist, daß sein Zustand einen dämonischen Ursprung hatte und daß ich, ohne es zu wissen, das Instrument seiner Befreiung war.

Bei einem anderen Fall handelte es sich um eine junge Frau, die Sekretärin eines Verbandes für Homosexuelle war. Nach einem

Selbstmordversuch wurde sie in das Krankenhaus eingeliefert, in dem ich damals tätig war. Ihr Verhalten schien darauf hinzudeuten, daß sie an bipolarer Depression litt (eine Krankheit, bei der eine Mischung von manischen und depressiven Zügen auftritt), und ich versuchte sie dementsprechend zu behandeln. Die Medikamente, die ich ihr gab, schienen sie zu beruhigen.

Ich lud sie zu einer Bibelstunde bei uns zu Hause ein. Am Ende fragte sie mich: „Was kann es nur bedeuten, wenn man versucht zu singen ‚Jesus, ich hab' dich lieb', und stattdessen kommt heraus, ‚Jesus ich *hasse* dich'?" Ich fragte sie direkt, ob sie dachte, daß Dämonen im Spiel sein könnten, und sie gab zu, daß dies der Fall sei. Sie fügte hinzu, daß sie in den Gottesdiensten ständig die Liturgie und Lieder in gotteslästerliche Äußerungen verdrehte, deren sie sich erst später bewußt wurde. Ihr Pastor bestätigte das.

Sie beschrieb ein früheres Erlebnis mit einem „freundlichen Geist", der häufig eine Wohnung besuchte, in der sie einst mit einer anderen Frau wohnte. „Wir bekamen ihn nie zu sehen, aber wir hörten oft, wie er das Wohnzimmer durchquerte. Dabei knarrte der Fußboden. Es war eigentlich ganz lustig." Bald jedoch raubten ihr das seltsame Knarren, Klopfen und Stampfen die Ruhe, und sie verließ die Wohnung.

Ich willigte ein, bei ihrem nächsten Besuch in meinem Büro das Problem der Dämonen in Angriff zu nehmen. Als sie zu mir kam, sprach ich zu dem Dämon oder den Dämonen und befahl ihm oder ihnen, sie zu verlassen. Sie fiel scheinbar in eine Trance, in der sie abwechselnd wie eine Irre lachte und furchtbar weinte. Ich hatte ein seltsames Gefühl, daß ich bedroht wurde und daß meine Frau und Kinder angegriffen würden. Nach etwa einer Stunde sagte ich: „Nun, unsere Zeit ist jetzt vorüber." Als ich das sagte, kam ein letztes verzweifeltes Lachen, und dann erwachte meine Patientin aus ihrer Trance.

Ihre ersten Worte (wenn ich mich richtig erinnere) waren: „Mein Gott! Was haben Sie mit mir gemacht? Ich fühle mich, als hätte man mich rückwärts durch eine Hecke gezogen!" Sie zeigte mir ihre Handfläche: Sie hatte die Haut in der Intensität des Geschehens mit ihren Fingernägeln durchbohrt. Ich bemerkte, wie der Schoß ihres Tweedrockes in einer kreisförmigen Fläche mit einem Durchmesser von dreißig Zentimetern mit Tränen getränkt war.

Während der nächsten Stunde klopften drei Krankenschwestern an meine Tür, um mich zu fragen: „Was haben Sie mit dieser Frau gemacht? Sie hat sich völlig verändert." Trotzdem hatte ich das Gefühl, daß das Werk noch nicht vollendet war.

Einige Tage später saß sie in einer christlichen Jugendgruppe und bat sie um Hilfe. Ein junger Teenager, der sich gerade bekehrt hatte, sagte: „Dämon, dessen Name Legion heißt, komme aus ihr heraus!" Auf einmal geschahen mehrere Dinge gleichzeitig. Meine Patientin fiel zu Boden, und die ganze Gruppe wurde von Schrecken erfaßt. Dann jedoch fiel auf, was die Teilnehmer als eine „Taufe der Liebe" bezeichneten, und sie knieten oder standen um die Frau herum und versicherten ihr, daß Gott sie liebhabe. Sie selbst erinnerte sich daran, wie jemand immer wieder sagte: „Es ist unmöglich, daß er mich liebhat." Allmählich erkannte sie, daß es ihre eigene Stimme war.

Bei ihrem nächsten Besuch strahlte sie vor Freude. „Wissen Sie was?" sagte sie. „Ich bin nicht mehr lesbisch."
„Oh", antwortete ich. „Weshalb haben Sie beschlossen, das aufzugeben?" „Ich habe nichts beschlossen!" rief sie. „Seit die Dämonen fort sind, bin ich es einfach nicht mehr."

Ich möchte hier einige Bemerkungen hinzufügen. Die erste ist, daß es töricht wäre, anzunehmen, daß alle Homosexuellen von Dämonen besessen sind und daß wir deshalb bei ihnen eine Dämonenaustreibung vornehmen müssen. Die zweite ist, daß meine Patientin nicht nur nicht mehr lesbisch war, sondern viele Jahre lang keinerlei Anzeichen von Homosexualität gezeigt hat und zu einem hervorragenden Zeugen Christi geworden ist. In den letzten Jahren habe ich mit ihr keinen Kontakt mehr gehabt, aber für mich besteht keine Frage, daß Gott in ihrem Leben eine echte Befreiung vollbracht hat.

Eine andere junge Frau kam zu mir wegen ihres Zorns gegen ihr zweites Kind. Abgesehen von ihrer Depression erschien sie völlig normal. Sie machte sich bittere Vorwürfe. Weil die Möglichkeit bestand, daß sie das Kind verletzt hatte, schlug ich vor, sie sollte es zur Röntgenabteilung bringen. Die Röntgenbilder zeigten einen Schädelbruch und Frakturen an den Armen. Es war klar, daß das Kind zunächst vorübergehend aus dem Gefahrenbereich gezogen und in Pflege gegeben werden mußte. Eine Pflegemutter erklärte sich bereit, das Kind bei sich aufzunehmen. Die Mutter sollte jeden Tag kommen, um es in ihrer Gegenwart zu füttern.

Meine Patientin war ein Adoptivkind gewesen, die von ihren Adoptiveltern gequält worden war. Sie hatte wenig von Liebe erfahren. Ein paar Monate, bevor sie zu mir kam, hatte sie ein seltsames Zwangsgefühl ergriffen, das Licht in dem Zimmer, in dem das Baby schlief, auszulöschen, indem sie die Glühbirne mit ihren bloßen Händen umschloß. Erst als sie sich ihre Hände schlimm verbrannt hatte, ließ sie los. Einige Christen waren der Ansicht, daß sie unter dämonischen Einfluß geraten war und versuchten erfolglos, die Dämonen auszutreiben. Ich dachte, sie leide an einer Psychose und versuchte ihre Depression zu behandeln.

In den folgenden Monaten wurden mehrere weitere Versuche von anderen Christen unternommen, die Dämonen auszutreiben. Keiner von ihnen war in der Lage, ihrem Leiden zu helfen. Mittlerweile kam ich allmählich zu dem Schluß, daß ihre Angstzustände und Depression weder mit Medikamenten noch mit gewöhnlicher Seelsorge behandelt werden konnten.

Während das Baby immer noch in Pflege war, verbrachten meine Patientin und ihr Mann eine Woche in einem christlichen Heim, wo einer der Prediger erneut versuchte, ihre Dämonen auszutreiben. Er nannte sie einen nach dem andern beim Namen, befahl ihnen, die Frau zu verlassen, und forderte die Frau dazu auf, sich von jedem einzeln loszusagen.

Sie kehrte als völlig veränderte Person zurück.

Ihre aufgewühlte, stark abhängige Persönlichkeit hatte einer entspannten Frau und Mutter Platz gemacht. Die Veränderung war so tiefgreifend, daß die Sozialarbeiterin, die die Besuche bei der Pflegemutter überwachte, mich anrief, um vorzuschlagen, daß das Kind zur Mutter zurückkehren konnte. Wie ich war sie über die Tiefe und Realität der Veränderung erstaunt. Das Kind kehrte zu ihr zurück, und meine Patientin hatte keinerlei Schwierigkeiten mit Wutanfällen mehr.

Ich bin jetzt davon überzeugt, daß ihr Zustand dämonischer Natur war und daß der letzte Exorzist irgendetwas gehabt haben muß, das den anderen fehlte. Auf meine Bitte hin gab mir meine Patientin eine Tonbandaufnahme mit den Lehren ihres Exorzisten über Dämonie. Meine Hoffnungen, etwas von ihm zu lernen, wurden schnell zerstört. Den Inhalt der Bandaufnahme konnte man bestenfalls als arroganten, pompösen Unsinn bezeichnen. Bis zum heutigen Tag schüttele ich verwundert den Kopf. Ich kann nur schließen, daß die Fähigkeit, Dämonen auszutreiben, nicht das exklusive Privileg von gottesfürchtigen und intelligenten Personen ist.

Eines Tages kam ein junges gläubiges Mädchen in mein Büro. Sie suchte Rat für ihre Probleme. Sie war depressiv, hatte ein oder zweimal versucht, sich umzubringen, rauchte Marijuana und lebte mit einem Mann zusammen, der ihr nichts bedeutete. Was sie am meisten beunruhigte, war die Gabe des Hellsehens, die sie erst vor kurzem bekommen hatte. Sie hatte keinerlei Vorstellung, wie sie zu dieser Gabe gekommen war. Sie wußte nur, daß, wenn sie bestimmte ältere Häuser betrat, sie in die Vergangenheit sehen konnte. Sie sah Leute in einer Kleidung, wie sie vor etwa hundert Jahren üblich war. Sie konnte sie beobachten und ihren trivialen Unterhaltungen zuhören. Ihr gefiel ihre Gabe nicht besonders. Ich untersuchte sie sorgfältig und konnte keine psychische Abnormalität feststellen, abgesehen von ihrer depressiven Stimmung. Bei weiterem Nachfragen stellte sich heraus, daß sie vor ein oder zwei Jahren versucht hatte, ihren Geist zu „projizieren", um einen toten Freund zu finden.

Ihre mennonitischen Eltern hatten es ihr verboten, sich mit dem Mann zu treffen, den sie zu heiraten hoffte. Eine Woche, nachdem die Beziehung abgebrochen war, beging der Mann Selbstmord. Während sie nachts im Bett lag, versuchte sie in ihrem Kummer, sich auf ihn in einer Art psychischen Suche zu konzentrieren. Nach ein oder zwei Monaten wurde ihre Suche durch traumartige Besuche von ihrem verstorbenen Geliebten belohnt.

Ich erklärte ihr, daß sie mit okkulten Mächten gespielt hatte und daß ihr nur geholfen werden könnte, wenn sie ihre Sünde bekennen und sich von ihr lossagen würde. Kaum hatte ich ausgesprochen, stand sie mit furchterfülltem Gesichtsausdruck auf und verließ mein Büro. Ein oder zweimal rief sie mich verzweifelt an, aber sobald ich vorschlug, daß sie in mein Büro kommen sollte, legte sie den Hörer auf.

Gegenwärtig berate ich mehr als einen Ehemann, der unter starker Eifersucht leidet. Die Situation ist im allgemeinen so, daß beide Ehepartner voreheliche sexuelle Beziehungen mit anderen Partnern hatten. Eine Zeitlang ging es in ihren Ehen gut, aber nach einigen Jahren wurden die Ehemänner immer mehr verschreckt und depressiv, weil sie zu hilflosen Opfern von Wutausbrüchen gegen ihre Frauen geworden waren, in denen sie sie wegen ihrer vorehelichen Beziehungen beschimpften.

Die Männer erkannten die Ungerechtigkeit ihrer Handlungen durchaus, aber sie waren nicht in der Lage, etwas daran zu ändern.

Zwei Männer erwähnten mir gegenüber die Möglichkeit, daß ihr Zustand vielleicht dämonisch bedingt sei, ohne damit ihr Verhalten entschuldigen zu wollen. Ich betete mit jedem von ihnen und befahl jedmöglichen dämonischen Wesen im Namen Jesu, ihn zu verlassen. Im Falle des ersten Mannes erwies sich das als unwirksam. Der zweite Mann sagte bei seinem nächsten Besuch: „Als ich Ihr Büro verließ und zu meinem Wagen ging, erkannte ich plötzlich, daß ich frei war. Die Last war ganz und gar weg. Es fühlte sich so an, als sei mir ein schweres Gewicht von den Schultern genommen worden." Eine Zeitlang später beschloß er, seine neue Freiheit auf zwei verschiedene Weisen zu prüfen. Er nahm die Einladung an, einem Komitee beizutreten, dem auch der frühere Liebhaber seiner Frau angehörte. Und er ging mit seiner Frau zu einer gesellschaftlichen Veranstaltung, bei der, wie er wußte, auch der ehemalige Liebhaber seiner Frau anwesend sein würde. „Aber meine neue Freiheit konnte dieser Anspannung nicht standhalten. Eine innere Wut und Angst fing an, sich in mir zu regen", erzählte er mir danach.

Es kann für die Reaktion des zweiten Mannes verschiedene Erklärungen geben. Vielleicht hatte unser Gebet und meine versuchte Dämonenaustreibung nur einen Placebo-Effekt, d.h. es handelte sich lediglich um die Reaktion eines Patienten, der sich leicht etwas einsuggerieren läßt. Ich beschloß, diese Interpretation nicht zu akzeptieren, sondern vielmehr anzunehmen, daß ein Feind wirklich ausgetrieben und, vielleicht mit anderen Verbündeten, in ein neu gereinigtes und ausgestattetes Haus wieder eingezogen war. Also fingen wir an, über das Wesen der Gnade und die Bedeutung einer persönlichen Beziehung zu Christus zu sprechen. Wir werden unser Gespräch das nächste Mal, wenn er zu mir kommt, fortsetzen. Bis dahin bleiben die unbeantworteten Fragen, und dem Patienten seine Eifersucht.

Zwei weitere Begebenheiten fallen mir ein. Ich erinnere mich an einen Schamanen, der in das Drogenzentrum kam, an dessen Leitung ich vor einigen Jahren beteiligt war. Er war ein Mann in den späten fünfziger Jahren. Als Sohn und Enkel von Schamanen hatte er sich seit Jahren mit okkulten Dingen beschäftigt. Sein Hauptproblem war für ihn seine Unfähigkeit, sexuelle Befriedigung zu erlangen. „Ich habe es mit Frauen gemacht, mit Jungen, mit Hunden und anderen Tieren", erklärte er mir. „Aber seit kurzem habe ich es mit Dämonen gemacht. Nur Dämonen können es mir geben, und jetzt haben sie mich verlassen." Er fuhr fort, zu erklären, daß sein Hobby darin bestand, phallische Symbole zu schnitzen.

„Sie wissen, womit sie hier spielen, nicht wahr?" fragte ich. „Sie müssen ihre phallischen Symbole loswerden."

„Ja, aber ich kann ja immer neue schnitzen."

„Sie müssen sie trotzdem wegwerfen. Sie brauchen ja keine neuen mehr zu schnitzen."

Er starrte mich eine Zeitlang an. Dann sagte er: „Mir ist noch nie jemand wie Sie begegnet. Sie haben die Macht Gottes in sich, und ich weiß, daß Sie wirklich mit Geistern fertigwerden könnten."

Kurz nach unserer Unterhaltung besuchte ihn ein alter Liebhaber und drängte ihn, das Zentrum mit ihm zu verlassen. Sie gingen beide davon, und ich habe sie seither nie wieder gesehen.

Die zweite Begebenheit drehte sich um einen Ostinder, den manche Psychiater als schizoaffektiv diagnostizieren würden – eine Krankheit, bei der Gemütsstörungen und schizophrenieartige Symptome sich auf seltsame Weise mischen. Zusammen mit einem Psychiater, zwei Medizinstudenten und einigen Krankenschwestern unterhielt ich mich mit ihm ein oder zwei Tage, nachdem er ins Krankenhaus eingeliefert worden war. Er war von der Polizei aufgegriffen worden, nachdem er obszöne Telefonanrufe gemacht hatte, und die Polizei hatte ihn ins Krankenhaus gebracht, weil sie ihn für verrückt hielt.

Zwei Themen beherrschten sein Denken. Das erste betraf seine Fähigkeit, seinen Astralkörper auf weit entfernte Planeten zu projizieren, und seine Entschlossenheit, Selbstmord zu begehen, damit er von körperlichen Einschränkungen völlig frei sein konnte. Das zweite hatte mit den obszönen Anrufen zu tun. „Die Geister zwingen mich dazu."

„Welche Geister?" fragte ich.

„Es sind drei verschiedene. Sie reden zu mir. Sie sind freundlich und sorgen dafür, daß ich nachts nicht einsam bin, wenn ich keine Frau habe."

„Wie lange sind sie bei Ihnen gewesen?"

„Es fing an, als ich ein Kind war. Mein Vater brachte mich zu einigen heiligen Männern. Sie hängten ein Amulett um meinen Hals und seitdem ..."

„Ich kann Ihnen helfen, sie loszuwerden", sagte ich.

Ein unzufriedener Ausdruck kam über sein Gesicht, und er zog sich vom Tisch zurück. „Nein, nein. Ich will nicht, daß Sie das tun."

„Aber Sie wissen, daß sie Sie letzten Endes zerstören werden."
„Sie sind gut zu mir. Sie verhindern, daß ich einsam bin", wiederholte er.

Es gab eine Pause. Jeder im Zimmer fühlte instinktiv, daß wir es nicht nur mit einem psychotischen Mann zu tun hatten. Mein Patient fing wieder von vorne an. „Ich weiß, daß Sie es können, aber ich will nicht, daß Sie es tun. Sie haben die Macht Gottes in sich. Ich kann sie fühlen. Aber Sie dürfen mir nicht meine Geister wegnehmen." Dann verließ er den Raum.

Als wir diese Begebenheit diskutierten, sagte die erfahrenste der Krankenschwestern: „Sie dürfen ihm nicht etwas wegnehmen, wenn Sie es nicht durch etwas anderes ersetzen können."

Sie hatte recht. Ich folgte meinem Patienten sofort, um ihm von Gott zu erzählen, wie Gott sich um ihn sorgte, und von der Barmherzigkeit eines liebevollen Christus, der ihm all den Trost schenken konnte, den er brauchte. Er dankte mir mit Tränen in den Augen, schüttelte aber immer noch den Kopf. Zwei Tage später verließ er das Krankenhaus gegen den Rat der Ärzte.

Alle diese Begebenheiten schufen für mich mehr Probleme als Lösungen, aber von einigen Dingen bin ich fest überzeugt. Erstens glaube ich, daß Dämonen existieren. Zweitens scheint es viele verschiedene Arten der Dämonenaustreibung zu geben, und manche Leute scheinen diese Macht zu besitzen, die meine persönlichen Überzeugungen nicht teilen. Letztlich sind manche Fälle „schwieriger" und erfordern mehr Gebet und Fasten. Ich faste und bete – wenngleich offensichtlich nicht genug –, aber ich ringe immer noch um ein klares Verständnis der Ereignisse, die ich geschildert habe.

3. Die Heilung der Seele

„Wenn Seele und Leib allein unvollständig sind, weil sie nicht getrennt existieren können ... scheint es mir ein Widerspruch zu sein, anzunehmen, sie seien Substanzen ... Ich weiß, daß denkende Substanz etwas Vollständiges ist."
Aus einem Brief von Descartes an Arnauld.

Ich glaube, daß es göttliche Heilung wirklich gibt. Ich glaube, daß Gaben der Heilung heute noch praktiziert werden. Aber ich glaube auch, daß Gott in seiner Souveränität nicht immer heilt und nie verheißen hat, daß er es stets tun wird. Zu behaupten, daß Heilung zur Sühne gehört und uns deshalb heute unbegrenzt zur Verfügung steht, ist eine fragwürdige Auslegung der Bibel und schlechte Theologie.

Christus hat zwar alle Folgen der Sünde beseitigt. Seine Sühne war vollständig und endgültig. Einiges von dem, was Christus für uns vollbracht hat, können wir bereits erleben, zum Beispiel die Rechtfertigung, die Wiedergeburt und Heiligung. Manches jedoch wie Unsterblichkeit und vollkommene Immunität gegenüber Krankheiten werden wir erst in dem neuen Leib der Auferstehung haben. Oft schenkt uns Gott einen Vorgeschmack von dieser Zukunft in Form von körperlicher Heilung. Aber die volle Belohnung wird uns erst in einer Zeit zuteil, die noch kommen wird.

UNSER GRIECHISCHES ERBE

Die Frage des Wesens der Geisteskrankheit und ihrer Heilung ist schwieriger zu beantworten, als einfach generell zu behaupten, daß alle Heilung zur Sühne gehört. Um diese Frage beantworten zu können, müssen wir zuerst ein klares Verständnis des biblischen Menschenbildes haben. Vielleicht meinen wir, ein solches Verständnis bereits zu besitzen. Aber die meisten von uns haben ein Menschenbild, das durch eine verwirrende Mischung von griechischem und hebräischem Denken entstanden ist, die wir zum Teil von Platon, Aristoteles, den Gnostikern, Thomas von Aquin und dem Philosophen Descartes geerbt haben. Wir haben den Menschen in den weniger wichtigen körperlichen (Körper und Gehirn) und einen wichtigeren, nicht-materiellen Teil (Verstand und Seele) zerlegt. Ja, wir sprechen sogar von einem „dreiteiligen" Menschen, und angeblich bestätigt die Schrift diese Sichtweise und unterscheidet zwischen Körper, Seele und Geist. Dabei will ich keineswegs leugnen, daß Ausdrücke wie *Seele* und *Geist* wirklich in der Schrift vorkommen, ebenso wie *Verstand, Herz* und *Wille*. Die Frage aber, um die es geht, lautet: Welche Beziehung besteht zwischen ihnen?

Es würde hier zu weit führen, den Gebrauch dieser Ausdrücke in der Schrift zu untersuchen. Aber wir können auf einige Tatsachen hinweisen. Zunächst einmal, wenn wir die zitierten Ausdrücke in ihrem Zusammenhang untersuchen, stellen wir fest, daß sich ihre Bedeutung überschneidet. Obwohl sie zwar nicht völlig synonym sind, bedeuten sie jedoch manchmal genau dasselbe. Zweitens sieht die Schrift den Menschen als eine Ganzheit und nicht als ein Wesen, das aus verschiedenen Teilen besteht. Leib und Verstand, Geist und Seele sind nicht voneinander zu trennen. Die Lehre der leiblichen Auferstehung sollte es klarmachen, daß wir leibliche Wesen sind und es immer sein werden.

Von den Griechen haben wir ein falsches Verständnis über die Beziehung zwischen Geist und Körper geerbt, in dem das eine für besonders wichtig gehalten und der Wert des anderen stark herabgewürdigt wird. Dabei sind wir in den Fehlschluß verfallen, Dinge miteinander zu vergleichen, die sich nicht vergleichen lassen. Wir begehen, was manche moderne Philosophen als einen Fehler der Kategorie bezeichnen würden. Wir mischen Äpfel und Orangen.

Den Geist mit dem Körper zu vergleichen ist dasselbe, als wenn man Musik mit den Fingern des Pianisten vergliche. „Worauf es wirklich ankommt, ist die Musik!" Ungeschickte Finger produzieren schlechte Musik.

Wir ringen hier vielleicht mit Gedanken, die sich unserem Griff entziehen. Lassen Sie mich eine andere Analogie gebrauchen. Wir reden von der Herrschaft des Geistes über die Materie. Wenn wir damit meinen, daß wir nicht ständig unseren leiblichen Schwächen und Wünschen nachgeben sollen, dann ist dieser Ausdruck sinnvoll. Aber wenn wir damit meinen, daß in uns eine Art gespensterhaftes Wesen wohnt, das *wirkliche* Ich, das wir Geist nennen und das den Teil kontrolliert, den wir Leib nennen, werden wir leicht verwirrt.

Descartes versuchte, die Frage in seiner sechsten Meditation zu klären. Das Selbst, so behauptete er, wohnt im Leib wie ein Lotse in einem Schiff, aber es ist wichtiger als ein Lotse. „Ich sitze nicht nur in meinem Leib wie ein Lotse auf einem Schiff ..., sondern ich bin sehr eng mit ihm verbunden und sozusagen mit ihm vermischt, daß ich mit ihm eine Ganzheit bilde. Denn wäre das nicht der Fall, würde ich, der ich lediglich ein denkendes Wesen bin, keinen Schmerz verspüren, wenn mein Leib verletzt wird, denn ich müßte diese Wunde dann nur durch meinen Verstand erkennen, wie ein Seemann mit seinen Augen feststellt, wenn sein Schiff irgendwie beschädigt ist." Letzten Endes jedoch sah er den Geist als vom Leib geschieden. Diese Anschauung, die von Descartes vertreten wurde, führte zu dem Ausdruck „kartesischer Dualismus".

Decartes ist sich seines Dilemmas bewußt. Wenn der Geist etwas anderes, vom Leib Getrenntes ist, so muß er sehr eng mit ihm verbunden sein. Aber wie soll man diese Verbindung beschreiben? Letzten Endes beruft er sich auf die Anatomie. „Bei sorgfältiger Untersuchung dieser Angelegenheit sieht es so aus ..., daß der Teil des Leibes, in dem die Seele (ein Begriff, den Descartes mit der gleichen Bedeutung wie Ich und Geist verwendete) ihre Funktion direkt ausübt, keineswegs das Herz ist, noch das Gehirn, sondern lediglich das innerste aller seiner Teile, d.h. eine sehr kleine Drüse, die sich in der Mitte seiner Substanz befindet und von da aus durch tierische Geister den Menschen lenkt." Der Geist befindet sich also demnach in einer Drüse, einer Drüse im Gehirn, und beeinflußt die Teile des Gehirns und des Körpers durch *tierische Geister,* „materielle Körper von extremer Winzigkeit", die sich sehr schnell wie „Partikel einer Flamme" bewegen.

Ich kann dem Ringen Descartes' um ein Verständnis des Wesens der menschlichen Psyche nicht gerecht werden. Aber er bemühte sich sehr, wie wir es alle tun, um ein Verständnis des Immateriellen. Unsere Seele ruht natürlich nicht innerhalb der Zirbeldrüse in unserem Gehirn. Unsere Geister flitzen nicht von einem Punkt zum andern in unserem Gehirn und Leib. Der Versuch, den Geist in den Kategorien, die sich auf den Leib beziehen, zu beschreiben, muß prinzipiell fehlschlagen. Man kann etwas nur mit Kategorien beschreiben, die dafür auch angebracht sind. Die Farbe Lila hat nichts mit einem Pfund holländischem Käse zu tun.

Der Ton C eignet sich nicht zur Beschreibung des Zustandes Ihres Bankkontos.

DAS ORCHESTER UND DIE MUSIK

Wir können die Beziehung zwischen Geist und Leib am besten beschreiben, indem wir die Beziehung der Materie zu ihrer Funktion betrachten. Ein Auto fährt. Eine Maschine arbeitet. Ein Orchester spielt Musik. Die Beziehung zwischen Geist und Körper läßt sich mit der Beziehung zwischen der Arbeit einer Maschine zu der Maschine selbst oder die Beziehung der Musik zum Orchester vergleichen.

Woran denken Psychiater, wenn sie vom Geist reden? Gewöhnlich denken sie an eine Reihe von Funktionen: Ich erinnere mich. Ich bin mir bewußt. Ich weiß, daß ich *ich* bin, im Gegensatz zu *dir*. Ich empfinde Emotionen – Zorn, Trauer, Freude. Ich denke, d.h. ich gebrauche meinen Verstand. Ich treffe Entscheidungen. Weil diese Dinge, die ich tue – bewußt sein, mir meiner Identität bewußt sein, mich erinnern, fühlen, überlegen, beschließen – alle irgendwie miteinander zusammenhängen, ordnen sie sich alle unter dem Begriff des Geistes ein.

Aber beachten Sie, daß der Geist eine vielschichtige Gruppe von Funktionen beinhaltet, und zwar nicht nur des Gehirns, sondern des gesamten Körpers. Nehmen wir zum Beispiel Emotion. Wenn ich vom Bürgersteig auf die Straße und einem Auto in den Weg laufe, kann ich das Kreischen der Bremsen und die zornige Hupe hören. Ich springe zurück. Ein Fenster wird heruntergedreht und ein Mann schreit mir Obszönitäten entgegen. Welche Gefühle erlebe ich? Ich habe Angst. Ich bin wütend. Aber woraus bestehen die Gefühle? Mein Herz schlägt Bumm, Bumm, Bumm in meiner Brust. Mein Gesicht ist weiß geworden. Meine Handflächen sind feucht und meine Finger zittern. Ich fühle mich etwas schwindelig. Das klopfende Herz, das bleiche Gesicht, die feuchten Handflächen und zitternden Finger – das sind körperliche Gefühle, die sich aus körperlichen Reaktionen ergeben. Diese Empfindungen sind das Erlebnis, das ich beschreibe, indem ich sage, ich habe Angst und bin wütend.

Zugegeben, diese Empfindungen werden wahrscheinlich vom Gehirn ausgelöst. Mein Gehirn kontrolliert die Aktionen meines

Körpers. Vor langer Zeit äußerte William James den Gedanken, daß wir nicht deshalb weinen, weil wir Leid empfinden, sondern wir empfinden Leid, weil wir weinen. Ebenso enthält der Gedanke etwas an Wahrheit, daß mein Herz nicht deshalb schlägt, weil ich mich fürchte, sondern ich fürchte mich, weil mein Herz schlägt und meine Finger zittern.

Zu fragen „Wo ist der Geist?" ist mit der Frage zu vergleichen, wo das Konzert ist, wenn das Orchester aufgehört hat zu spielen. Der Geist befindet sich gewissermaßen irgendwo. Wie eine Idee ist er nicht an eine besondere Zeit oder an einen besonderen Ort gebunden.

Daraus ergeben sich zwei weitere Fragen. Soll das heißen, daß der Geist keine Wirklichkeit besitzt? Natürlich nicht. Funktion ist etwas Reales. Aber wir wollen diese Frage noch etwas weiter verfolgen. Was geschieht mit dem Geist, wenn der Leib stirbt? Wenn der Leib mit dem Tod aufhört, zu existieren, dann müßte das logischerweise auch für den Geist gelten. Materialisten nicken eifrig. Als Christen sind wir damit nicht einverstanden. Wir sind vielleicht erstaunt über das, was Seelen unter dem Altar erleben (Offbg. 6, 9-11), genauso wie uns die Beziehung zwischen unserem Erleben der Zeit und dem Erlebnis der Wirklichkeit unerklärlich erscheint. Aber zwei Dinge sind gewiß. Wir werden weiterleben, selbst wenn wir unseres Leibes entledigt worden sind. Noch wichtiger ist, daß unser ewiger Zustand auch ein Leib sein wird. Wir werden leiblich von den Toten auferweckt werden. Ein körperloser Zustand wird nur vorübergehend sein. Wir können nicht erklären, wie das geschehen wird, und zwar nicht deshalb, weil das Ganze unlogisch ist, sondern weil wir gegenwärtig nicht in der Lage sind, die Ewigkeit zu erleben.

Eine zweite Frage. Ich habe gerade davon gesprochen, daß ich meines Leibes entledigt werde. Daraus ergibt sich, daß ich mehr als mein Leib bin. Was bin „ich"? Bin ich mein Geist? Oder, um es anders auszudrücken, ist mein Geist das wahre Ich?

Ich bin mir nicht sicher, ob ich diese Frage beantworten kann. Manche Denker meinen, ich könnte nicht mein Geist sein, weil „ich" beobachten kann, was in meinem Geist vorgeht. Mein Geist ist lediglich ein Teil meines Selbst, das ich beobachte. Aber wenn wir so denken, schaffen wir damit erneut das voneinander getrennte Sein von Geist und Leib, das wir vermeiden wollen. Was manche Leute das beobachtende Ego nennen, ist sicherlich ein Teil des

Geistes und zugleich ein Teil der Funktion des Körpers. Zum anderen, wie mein Geist bin ich auch etwas, das mein Leib tut oder produziert. Ich entstehe sozusagen durch meinen Leib. Wie Musik mehr ist als das Orchester, das sie spielt, so bin „ich" mehr als mein Körper. „Ich" bin das Ganze, das mehr als die Summe seiner Teile ist. Ebenso bin ich nicht dazu geschaffen, eine ständige Existenz getrennt von einem Leib zu haben, auch wenn es sich um einen Auferstehungsleib handelt. Wie das Konzert das Orchester braucht, um gespielt zu werden, so brauche ich, wenn ich Gott in aller Ewigkeit preisen soll, einen Auferstehungsleib als Grundlage meines Wesens.

Alexander und Selesnick stellen fest: „Drei grundlegende Tendenzen im psychiatrischen Denken lassen sich bis zu den frühesten Zeiten zurückverfolgen: (1) der Versuch, die Krankheiten des Geistes auf körperlicher Grundlage zu erklären, d.h. organische Erklärungen zu finden; (2) der Versuch, für geistige Störungen eine psychologische Erklärung zu finden; und (3) die Versuche, unerklärliche Ereignisse durch Magie zu erklären." Wenn sich Alexander und Selesnick auf Dämonenaustreibung beziehen, wenn sie von *Magie* reden, dann „sind wir immer noch in den frühesten Zeiten". Wir versuchen immer noch, Verhaltensstörungen auf einer physischen, psychologischen oder dämonischen Grundlage zu erklären.

Wenn der Geist eine Funktion des Leibes ist, dann liegt es auf der Hand, daß Störungen meines Leibes zu geistigen Störungen führen können. Deswegen haben „Geisteskrankheiten" vielleicht eine physische Erklärung. Das Problem ist jedoch nicht ganz einfach. Wenn wir sagen, der Geist sei eine Funktion des Leibes, gebrauchen wir eine Analogie. Diese Analogie ist sehr hilfreich, aber sie hat auch ihre Grenzen. Unsere tägliche Erfahrung zeigt, daß der Geist genauso den Leib beeinflußt wie umgekehrt. Wenn ich an Zahnschmerzen leide und drei Nächte lang nicht geschlafen habe, wird mein körperlicher Zustand mich in eine düstere Laune versetzen, die meine Geduld und meine Konzentration zerstört. Körperliches Unwohlsein führt also zu geistigem Unbehagen.

Umgekehrt, wenn ich durch meinen Geist erfahre, daß mir Schwierigkeiten bevorstehen (wenn ich zum Beispiel meine Arbeitsstelle verliere), kann es sein, daß ich körperlich leide. Ich verliere vielleicht meinen Appetit oder es bildet sich ein Magengeschwür. Es sieht so aus, als ob das Modell vom Geist als Funktion des Körpers den Sachverhalt zu stark vereinfacht. Auf jeden Fall müssen wir uns darüber im klaren sein, daß es genauso richtig ist zu sagen, daß die Materie die Funktion beeinflußt, wie daß die Funktion die Materie beeinflußt. Einfacher ausgedrückt, der Leib beeinflußt den Geist und umgekehrt.

Es ist interessant, die Arbeiten von Systemtheoretikern zu lesen und zu erfahren, daß das gleiche für viele komplizierte Systeme gilt. Nehmen wir zum Beispiel ein Telefonsystem. Fachleute, die davon viel mehr verstehen als ich, versichern mir, wenn ein Telefonsystem – eine Verflechtung von Drähten, Radiosendern und Apparaten, die ich mir ans Ohr halte – eine bestimmte Größe und einen bestimmten Kompliziertheitsgrad erreicht, es Eigenschaften entwickelt, die niemand vorausgesehen hat. Es bekommt sozusagen seinen eigenen Charakter. Zum großen Ärger der Ingenieure und Telefonisten, von den Menschen, die telefonieren wollen, ganz zu schweigen, kann es sogar durch seine unkontrollierbare Willkür die physischen Komponenten beschädigen, aus denen es besteht. Es sollte uns deshalb nicht überraschen, daß der Geist manchmal über die Materie herrscht. Der Begriff der *Funktion* ist viel zu dürftig, um die erstaunliche Wirklichkeit des Geistes zu beschreiben.

Wir müssen uns deshalb darüber im klaren sein, daß zwischen Leib und Geist eine gegenseitige Wechselwirkung herrscht. Der Leib beeinflußt den Geist, und der Geist wiederum den Leib. Manche behaupten, daß der Geist den Leib mehr beeinflußt als umgekehrt. Dazu gehören zum Beispiel die Vertreter der christlichen Wissenschaft, manche Psychoanalytiker und viele verwirrte Idealisten. Als Menschen möchten wir das natürlich gerne wahrhaben. Wir fühlen uns dadurch wertvoller und machen uns glauben, daß wir alles kontrollieren. Aber ein einfacher Schlag auf den Kopf kann die Funktion des Geistes auf mehrere Tage hin ausschalten. Ich glaube, daß man viel eher argumentieren könnte, daß der Leib einen größeren Einfluß über den Geist hat.

DIE STILLEN UND DIE AKTIVISTEN

Bevor wir uns mit dem Wesen der Depression befassen, müssen wir noch eine weitere Frage behandeln. Wenn der Sündenfall uns der Sünde, dem Leiden und der Krankheit ausgesetzt hat, wir jedoch gleichzeitig erlöste Diener Christi sind, welche Haltung sollen wir einnehmen, wenn Schwierigkeiten uns umgeben? Wie sollen wir uns gegenüber unseren Depressionen und den Depressionen anderer verhalten.

Traditionell gibt es zwei extreme Anschauungen. Die einen meinen, daß wir uns allem Leiden, Schmerz und aller Krankheit – geistig und körperlich – unterwerfen und sie als von Gott gewollt annehmen sollen. Wir müssen sie als Realität akzeptieren und können nichts dagegen tun. Wir sollen der Güte Gottes vertrauen, der sie schickt, und ihn dafür preisen, ja wir sollen „die Hand küssen, die uns verwundet", weil uns alles zum Besten dient.

Diese Anschauungen wurden in ihrer extremen Form vom Quietismus vertreten, eine mystische Bewegung innerhalb des Katholizismus des 17. Jahrhunderts in Frankreich und Italien, der vor allem auf den Schriften von Miguel de Molinos beruht. Er ist vor allem durch Übersetzungen der Werke von Fénelon und Madam Guyon bekannt. Der Quietismus wurde von der katholischen Kirche als Irrlehre verdammt. Er hat jedoch einen starken Einfluß auf Evangelikale gehabt, und man kann quietistische Elemente im deutschen Pietismus, dem Quäkertum und der Keswick-Bewegung finden.

Das Ziel dieser passiven Hingabe dem Leiden gegenüber ist letzten Endes der Tod des natürlichen Menschen, das fünfte Stadium von den sechs Graden der Heiligkeit, die Fénelon in einem seiner Briefe beschreibt. Die passive Annahme der Leiden im Glauben führt schließlich zum Tod, auf den das Leben in Vereinigung mit Gott folgt. Fénelon glaubt, daß Paulus von einem solchen erhobenen Zustand im Galaterbrief schrieb: „Ich lebe; doch nun nicht ich, sondern Christus lebt in mir" (Gal. 2, 20).

Der Quietismus erscheint deshalb attraktiv, weil er eine Lösung der inneren Spannung und die Vervollkommnung durch eine ständige Unterwerfung in Glaube und Liebe gegenüber dem Willen Gottes verspricht. Die Seele darf keine innere oder äußere Handlung vornehmen, sondern muß sich passiv dem Willen Gottes unterwerfen. Die Gefahr dieser Lehre liegt in der Vorstellung, daß das Böse direkt von Gott kommt, daß Vervollkommnung durch einen passiven Glauben erreicht wird und in dem unzureichenden Verständnis der Rechtfertigung.

Das andere Extrem ist die Anschauung derer, die ich Aktivisten nennen möchte. Sie sind überzeugt, daß durch Glauben und in der

Macht des Namen Jesu jede Krankheit und jedes Problem verbannt werden kann. Krankheit, Tragödie, Schmerz – allen muß widerstanden werden, denn sie alle kommen vom Satan. Christen brauchen und dürfen nie niedergeschlagen sein. Wenn man nicht glücklich ist, dann ist das ein Zeichen der Niederlage und des Unglaubens. Wenn man die Hilfe von nicht-christlichen Ärzten – und noch schlimmer, von Psychologen und Psychiatern – in Anspruch nimmt, so gibt man damit stillschweigend zu, daß Gottes Wort und die Kraft Christi nicht ausreichen.

Ich stelle diese beiden Anschauungen als entgegengesetzte Extreme dar. Sie unterscheiden sich in ihrem Verständnis vom Ursprung des Leids. Die eine verlangt einen militanten Glauben, der den Schmerz und die Niedergeschlagenheit vertreibt, während die andere ihre passive Annahme lehrt. Beide Anschauungen haben jedoch vieles gemeinsam. Beide vereinfachen das Problem des Leidens stark. Beide stellen eine Mischung von Wahrheit und Irrlehre dar. Beide appellieren an den Glauben, wollen Gott ehren und fordern, daß man seinen Geboten gehorcht. Beide fordern zu einer Haltung des Lobpreises angesichts von Schwierigkeiten auf – die eine, daß die Herrlichkeit Christi unseren tödlichen Feind vertreiben wird, die andere, daß das Messer des göttlichen Chirurgen die faulende Fleischlichkeit wegschneidet, bis der natürliche Mensch für immer getötet worden ist. Beide fordern zum Glauben auf, nicht aber zu „natürlichen" Lösungen und praktischen Schritten, den Schmerz zu überwinden. Beide enthalten wichtige Wahrheiten.

Aber beide enthalten auch Irrtum. Der Irrtum der Quietisten liegt in der Anschauung, daß Gott der Ursprung allen Leids ist und daß man deshalb nichts dagegen unternehmen soll. Damit leugnet man das Wirken Gottes. Das Leiden, das Gott zuläßt, soll nicht notwendigerweise willkommen geheißen werden. Der Weg zur Heiligkeit ist auch nicht *primär* ein Weg des persönlichen Leidens. Der Irrtum der Aktivisten besteht darin, daß sie meinen, ihr Glaube würde Gott unbedingt dazu veranlassen, etwas zu tun. Das ist auch nicht richtig.

Wie sollen Christen dann aber auf Leid reagieren? In gewissem Sinne kann man schon sagen, daß alles Leiden von Gott kommt. „Ist etwa ein Unglück in der Stadt, das der Herr nicht tut?" fragt Amos (3, 6). Amos spricht von einem Unglück, das durch böse Menschen herbeigeführt worden ist. Obwohl Gott nicht der

Ursprung des Bösen ist, so kontrolliert er doch die sündigen Handlungen seiner Feinde, damit das Böse zur Gerechtigkeit, zum Gericht, zur Erziehung und Strafe führt, besonders für die, die er liebhat.

„Wenn Menschen wider dich wüten, bringt es dir Ehre; und wenn sie noch mehr wüten, bist du auch noch gerüstet", sang Asaph, der Musiker und Dichter (Psalm 76, 10). Gott wäre nicht Gott, wenn er die Verbreitung des Bösen nicht kontrollierte, und wenn er nicht dazu in der Lage wäre, es zu dessen eigener Niederlage und Zerstörung zu gebrauchen. Bedeutet das, daß die Quietisten recht haben? Sollen wir uns gegen das Böse nicht wehren? In Hebräer 12 werden wir ermahnt, es als eine Strafe Gottes anzusehen, die wir geduldig tragen müssen (V. 5-11). Alles hängt natürlich davon ab, was wir unter „gegen das Böse wehren" verstehen.

Ich werde von einem Auto angefahren und mit mehrfachen Knochenbrüchen ins Krankenhaus eingeliefert. Mein Rückgrat ist verletzt, so daß ich von der Hüfte ab gelähmt bin. Chirurgen teilen mir mit, daß noch nicht alles verloren ist und daß durch chirurgische Eingriffe die Beweglichkeit meiner Glieder wiederhergestellt werden könnte. Manche extreme Quietisten würden jetzt sagen, ich sollte mich ganz still ergeben. Der extreme Aktivist würde sagen, mein Glaube an Gott wird die Heilung bringen.

Die biblische Position – so glaube ich jedenfalls – liegt zwischen den beiden Extremen. Ich muß glauben, daß Gott irgendwie in dieser furchtbaren Tragödie für mich einen Sinn hat. Er wußte, bevor die Welt geschaffen wurde, daß dies geschehen würde. Er ließ es ausdrücklich zu. Aber weil er kein grausamer Gott ist, sondern ein zärtlicher Vater, kann er ein so grausames Geschehen nicht zugelassen haben, ohne daß damit ein höheres Gut verbunden gewesen wäre.

Aber durch Chirurgen, ob gottesfürchtig oder nicht, bietet er mir die Hoffnung, daß meine Anfechtungen zeitlich begrenzt sein werden. Wenn Gott, der die Handlungen von Chirurgen genauso kontrolliert wie die des Unfallverursachers, mir die Möglichkeit der Hilfe eröffnet, dann muß ich diese Hilfe annehmen, als komme sie von seiner Hand.

Die eigentliche Schwierigkeit ergibt sich, wenn wir nicht mit anderen Menschen zu tun haben, sondern mit unseren Launen, unseren Emotionen, unseren inneren Kämpfen. Die Quietisten beschäftigen sich vor allem mit dieser Art von Leid. Ich darf mich gegen die Unruhe in meiner Seele nicht wehren, sondern muß erkennen, daß Gott sie zur richtigen Zeit beseitigen wird. Jegliches Bemühen meinerseits ist ein Eingriff in das, was Gott tun will.

Eine weitere Schwierigkeit entsteht, wenn ich an der Tragödie, die mich befällt, nichts ändern kann. Nehmen wir an, die Chirurgen, die mich nach dem Unfall untersuchen, können mir keinerlei Hoffnung geben. Sie erklären mir, mein Rückenmark sei verletzt und deshalb ließe sich nichts machen. In dieser Situation ist die Gefahr des Aktivismus größer als die des Quietismus. Wenn die Ärzte mir nicht helfen können, bleiben mir zwei Möglichkeiten. Entweder ich akzeptiere mein Schicksal, tief betroffen, aber immer noch im Vertrauen auf die Güte Gottes, der irgendeinen höheren Zweck beabsichtigt, oder ich sehe meine Tragödie als einen Angriff des Feindes, erkläre im Namen Jesu den Sieg über den Feind und vertraue auf Gott für eine übernatürliche Heilung.

Gott kann immer noch auf wundersame Weise heilen, aber er tut es nicht immer. Es ist auch nicht unbedingt unser Glauben, der entscheidend ist, sondern seine eigenen höheren Ziele. Wenn wir von Tragödien betroffen werden, sollte unsere erste Reaktion darin bestehen, Gott zu fragen, was er von uns erwartet. Glaube auf ein Wunder oder Vertrauen.

Als ich ein Medizinstudent war, teilte mir unser Hausarzt mit, daß meine Mutter ein ernstes Herzleiden hatte, und daß sie wahrscheinlich sterben würde. Er konnte nichts mehr für sie tun. Als ich darüber betete, hatte ich den – rein subjektiven – Eindruck, daß ich darauf vertrauen sollte, Gott würde sie heilen. In den nächsten zwei Wochen wies ich jede Vorstellung von Begräbnissen und Trauer von mir ab und verharrte in der klaren Erwartung, daß Gott etwas tun würde. Aber das Leben meiner Mutter schien schwächer zu werden. Eines Nachts schien es, als würde sie sterben. Sie atmete mühevoll und flüsterte: „Wenn ich nur zur Ruhe kommen könnte." Ich fand einen stillen Ort, wo ich allein sein konnte, und sagte einfach: „Herr, wenn du es tun willst, dann jetzt!" Weniger als fünf Minuten später war ich wieder an der Seite meiner Mutter. Ihr Kummer war gewichen. Mit einer klaren, festen Stimme fragte sie mich: „Du hast gebetet, nicht wahr?" Innerhalb einer Woche ging es ihr wieder gut.

Ich gebe hier keine Erklärung für diese Tatsachen. Ich schreibe sie nur nieder. Ich habe persönlich Gottes Wunder zu anderen

Zeiten erlebt, als sei ich in einen Plan Gottes verwickelt, der viel weiter als mein eigenes Leben gespannt ist. Aber solche Geschehnisse sind die Ausnahme und nicht die Regel gewesen. Gewöhnlich habe ich keine solche innere Führung erlebt. Manchmal habe ich „im Glauben" über eine kranke Person gebetet, ohne eine solche innere Führung. In diesen Fällen ist nichts geschehen. Der kritische Punkt scheint zu sein, daß man sich nach den Zielen Gottes ausrichtet. Was Schmerz, Leiden und Krankheit angeht, sind Gottes spezifische Zwecke für spezifische Personen eben *spezifisch*.

Die Alternativen des Quietismus und Aktivismus haben den Vorteil, daß sie absolut sind. Sie lassen keinen Raum für ein Wenn und Aber, sondern nur für eine klare Regel. Das Leiden muß entweder stets im Glauben angenommen oder stets durch den Glauben überwunden werden. Aber diese Vereinfachung kann uns in die Irre führen. Wir schaffen uns einen Gott, der sich mit unserer Theologie vereinbaren läßt. Aber Gott wird der sein, der er sein wird. Es ist besser, wenn wir verwirrt und erstaunt sind und zugeben, daß wir seine Wege nicht begreifen, als unseren Theorien so hartnäckig anzuhängen, daß wir einen Götzen anbeten, den wir selbst geschaffen haben.

In unserem inneren Leben – unseren Gefühlen, Launen und inneren Leiden – gibt es jedoch Wege, wie wir unserem Schmerz begegnen können. Wir sind gewöhnlich nicht hilflose Opfer von heißen Winden, die über unsere Seelen blasen, oder von eisigen Winden, die sie frieren lassen. Es scheint so zu sein: Je besser wir die Schrift und das Evangelium von der Gnade Gottes kennen, um so größer wird unsere Fähigkeit sein, mit innerem Schmerz fertig zu werden.

Trotzdem lehren uns sowohl die Schrift als auch zweitausend Jahre christliche Erfahrung, daß das Gewöhnliche nicht immer der Fall ist, daß dicke Vorhänge der Dunkelheit sich über unser Gemüt legen, wenn wir nicht fähig sind, etwas zu tun, das einen Lichtblick in unser Leben bringen könnte. Das kann mit oder ohne sichtbaren Grund geschehen. Hiob, David, Jeremias, Martin Luther, John Bunyan und Charles Haddon Spurgeon sind einige der bekannteren von den vielen tausend und abertausenden gottesfürchtigen Menschen, die eine solche Dunkelheit durchlitten haben. Die Finsternis ist manchmal so undurchdringlich, daß das Gebet auf unseren Lippen stirbt. Der Himmel ist verschlossen. Die Wahrheit wird zum Gespött sinnloser Worte.

In dieser Qual muß ich mit der zentralen Frage dieses Buches beginnen: Kann die Depression eine körperliche Krankheit sein? Ist sie eine Krankheit des Geistes oder des Körpers?

Vielleicht stelle ich die falschen Fragen. Wenn beschädigte Materie schlecht funktioniert und wenn eine beeinträchtigte Funktion die Materie beschädigt, wenn körperliche Krankheiten zu geistigem Leiden führen und geistiges Leiden den Körper beeinflußt, sollten wir dann nicht praktischere Fragen stellen? Wie können wir der depressiven Person am besten helfen? Psychologisch? Geistlich? Physisch?

Hier ist höchste Vorsicht und Demut geboten; denn am Anfang des Buches wurde uns klar, daß die Depression nicht ein bestimmtes Phänomen ist, sondern viele Ursachen hat. Ihre Besserung setzt voraus, daß wir nicht nur das Wesen der Depression genau erforschen, sondern auch einen Einblick in das Herz der depressiven Person gewinnen. Keine Eingriffe sind so delikat wie diejenigen, die den menschlichen Geist betreffen. Leider aber kommen wir oft mit groben Klischees, schuldeinflößenden Aufmunterungssprüchen, selbstherrlichen Banalitäten, Erklärungen populärwissenschaftlicher Psychologie oder unnötigen Medikamenten.

Teil II

Wissenschaft und die Masken

4. Glaube, Wissenschaft und Psychologie

Zwischen Christen und der Wissenschaft besteht eine eigentümliche Haßliebe. Wir fürchten uns vor der Wissenschaft, und gleichzeitig beten wir sie an. Wenn die Wissenschaft etwas „entdeckt", das die Schrift bedroht, oder, was wahrscheinlicher ist, unsere Lieblingsinterpretation der Schrift bedroht, dann wird die Wissenschaft zum Feind. Eltern protestieren gegen die Art und Weise, in der die Wissenschaft in den Schulen gelehrt wird. Wir gründen christliche Schulen und Universitäten, in denen wir zu unserer großen Verlegenheit christliche Lehrer und Professoren anstellen müssen, die an gottlosen Universitäten ausgebildet worden sind. Auf der anderen Seite, wenn die Wissenschaft etwas entdeckt, das unsere Lieblingsinterpretation der Schrift unterstützt, dann legen wir unsere Feindseligkeit ab und preisen die Wissenschaft als den jüngsten und verläßlichsten Verfechter des Glaubens. Denn wenn die Wissenschaft die Bibel beweist, dann muß die Bibel ja wahr sein.

Die meisten von uns verstehen wenig von Wissenschaft, haben zuviel Respekt vor ihr und überschätzen ihre Macht, den Glauben zu unterminieren oder aufzubauen. Die Wissenschaft hat wenig Macht, das eine oder das andere zu tun. Es stimmt zwar, daß manche Lehrer der Wissenschaft den Glauben mit „wissenschaftlichen" Argumenten zu widerlegen versuchen, genauso wie manche Christen den Glauben mit „wissenschaftlichen" Argumenten zu „beweisen" suchen. Aber auch Gelehrte und christliche Apologeten sind Menschen, und manchmal ist ihre menschliche Unsicherheit am Werk und nicht ihre wissenschaftliche Fähigkeit.

Die Wissenschaft ist einfach eine nützliche Methode, an bestimmte Probleme heranzugehen. Sie ist in ihrer Leistungsfähigkeit beschränkt. Sie kann nicht zum Weltfrieden führen, den Tod abschaffen oder Gott „entdecken".

FURCHT UND GLAUBEN

Die eben beschriebene Haßliebe der Gläubigen ist bei den Wissenschaften, die sich mit dem Menschen befassen, besonders stark ausgeprägt. Als Psychiater in meinem ersten Jahr in einem Krankenhaus mußte ich mir in einer Bibelstunde von einem Prediger eine lange Schimpfrede gegen die Übel der Psychiatrie anhören. Mit aufgeblasenem Gebahren verkündete er: „Man kann entweder Christ oder Psychiater sein. Aber man kann nicht zugleich Christ und Psychiater sein!" Gelegentlich bekomme ich immer noch solche Bemerkungen zu hören.

Mehr und mehr aber fasziniert uns die Psychologie. Pastoren sind überfordert durch die schwierigen Familienprobleme, die ihre Gemeindeglieder zu ihnen bringen. Ihre Arbeit erleichtert sich ungemein, wenn sie sich an einen Experten wenden können, und so entwickelt sich das natürliche Gefühl, daß die Gemeinde mehr Psychologie braucht.

Wir fürchten die Psychologie und gleichzeitig erwarten wir zuviel von ihr. Das liegt zum Teil daran, daß wir das Vertrauen zum Evangelium verloren haben, wie sehr wir auch unseren Glauben daran bekennen. Deshalb geben wir schwierige Fälle zu oft an Sozialarbeiter und Psychologen ab, ohne sorgfältig darüber nachzudenken, ob wir damit nicht ein Problem einfach auf jemand anderen abwälzen, das wir selbst hätten lösen können. Gewiß ist es manchmal unbedingt notwendig, daß Pastoren und Älteste eine Person in ihrer Gemeinde den Fachleuten für geistige Gesundheit anvertrauen, aber ich empfinde eine wachsende Unruhe über die Rolle der Psychologie in der Gemeinde und über die Tendenz, den Rat gottesfürchtiger Pastoren beiseite zu drängen.

Die Wissenschaften, die sich mit dem Menschen befassen, stecken noch in den Kinderschuhen. Sie sind voller unbewiesener – und manchmal unbeweisbarer – Hypothesen und einander widersprechender Theorien. Professionelle Ratgeber, Psychologen, Psychiater und Sozialarbeiter sind manchmal von einem Eifer für ihre eigene Überzeugung erfüllt, die mehr religiösen als wissenschaftlichen Charakter hat.

Sie sind ja auch nur Menschen, die sich manchmal wie „Bekehrte" verhalten, die sich eifrig für ihre Erkenntnisse einsetzen, ob sie nun der Wahrheit entsprechen oder nicht.

Aber es wäre ungerecht, nur eine Seite darzustellen. Unter den Wissenschaftlern gibt es fleißige Forscher, die genaue und sorgfältige Untersuchungen anstellen. Während der letzten zwanzig Jahre haben sich Psychologen, Soziologen und Psychiater verschiedener Denkrichtungen darum bemüht, die Sprache der anderen zu lernen und auf die Ergebnisse anderer Rücksicht zu nehmen. Nicht alle Wissenschaft ist eine Irrlehre.

Wissenschaftliche Wahrheit, wie alle andere Wahrheit, kann Angst verursachen. Man muß den Tatsachen dahin folgen, wohin sie führen, und manchmal scheinen sie auf ein gefährliches Gleis zu führen.

Christen aber brauchen vor der Wissenschaft keine Angst zu haben, vorausgesetzt, wir erinnern uns an drei Dinge: Wissenschaftler untersuchen nur die Gesetze unseres Schöpfers. Manchmal begehen sie bei ihren Untersuchungen grobe Fehler und kommen somit zu falschen Schlüssen. Wenn sie aber ihre Forschung nur weit genug verfolgen, dann können sie nur Wahrheit finden, denn nur was wahr ist, existiert. Aber weil Wissenschaftler Fehler machen, sind alle wissenschaftliche Schlußfolgerungen vorläufiger Natur. Letzten Endes weichen auch die gesichertsten Theorien dem Druck neuer Erkenntnisse.

Deswegen ist es wenig von Bedeutung, ob die Wissenschaft im Widerspruch zur Schrift steht oder nicht. Wenn die Wissenschaft von heute gegen sie ist, dann brauchen wir uns nicht zu fürchten, denn die Theorie von heute wird morgen durch eine andere ersetzt. Ebenso ist es nicht klug, sich über die Bestätigung der Bibel durch die Wissenschaft zu freuen. Wer sind denn die Wissenschaftler, daß sie sich anmaßen, das Wort des lebendigen Gottes zu „bestätigen"?

Die Wissenschaft ist schließlich nur einer von vielen Wegen zur Entdeckung der Wahrheit, und sie hat ihre Grenzen. Sie wird nur dann gefährlich, wenn wir sie anbeten, d.h. wenn wir annehmen, sie sei der höchste Weg zu allem Verständnis. Sie kann uns bei den tiefsten Fragen des Lebens nicht helfen: Warum existiere ich? Warum gibt es ein Universum? Hat das Leben einen Sinn? Woher weiß ich, was im Leben wichtig ist?

DER TURM VON BABEL

Einer meiner Kollegen schrieb einmal: „Die Psychiatrie ist eine geordnete Sammlung dessen, was man nicht weiß." Diese Formulierung ist sicher übertrieben. Ich würde es lieber so ausdrücken: Wie andere Humanwissenschaften ist sie eine ungeordnete Anhäufung von Wahrheiten, Halbwahrheiten und Irrtümern.

Ich muß in diesem Zusammenhang an das indische Gleichnis von den drei Blinden denken, die darüber diskutierten, wie ein Elefant aussieht. Einer berührte ein Bein und meinte, ein Elefant sei wie ein Baumstamm, während derjenige, der den Rüssel ergriffen hatte, der festen Überzeugung war, ein Elefant sei wie eine Schlange. Der Dritte, der die Seite eines Elefanten betastet hatte, meinte, er sei mit einer Mauer zu vergleichen. Die meisten von uns Ärzten, Psychologen, Sozialarbeitern und Pastoren, die aktiv mit der Behandlung und Seelsorge zu tun haben, vertreten wahrscheinlich aus ähnlichen Gründen verschiedene Auffassungen über das Phänomen der Depression. Wir sind Blinde, die verschiedene Teile eines Elefanten betasten. Ja, wir sind vielleicht in einer noch verwirrenderen Situation, denn ich hege den Verdacht, daß auch noch ein Leopard und ein Bär in der Arena sind und von uns Blinden untersucht werden.

Das Problem mit uns Fachleuten ist, daß wir neue Fachausdrücke erfinden. Wir hegen nicht nur unterschiedliche Ansichten, sondern wir reden auch in verschiedenen Sprachen. In den Wissenschaften, die sich mit dem Menschen befassen, haben wir unseren eigenen Turm von Babel errichtet. Glücklicherweise ist Gott nicht interessiert, uns in alle Teile der Welt zu zerstreuen, sondern an unserer harmonischen Zusammenarbeit. Wenn dem nicht so wäre, stünden wir vor einer hoffnungslosen Aufgabe. Es gibt Anzeichen, daß gottesfürchtige und gottlose Forscher an guten Universitäten anfangen zu erkennen, daß nicht nur ihre eigenen Theorien einen wichtigen Beitrag leisten können. Der Elefant scheint doch mehr als ein Baumstamm zu sein und zweifelsohne viel größer als eine Schlange.

Wie ich im ersten Kapitel angedeutet habe, entsteht unser Problem dadurch, daß wir mit dem Ausdruck *Depression* verschiedene Dinge kennzeichnen. Manche Leute bezeichnen den Kummer nach dem Tod einer geliebten Person als Depression. Freud versuchte in seinem Artikel „Trauer und Melancholie" zwischen normalem und anormalem Kummer zu unterscheiden. Die Demütigung nach einem Versagen oder einer Niederlage, oder die verdrießliche Reaktion einer Person, deren Erwartungen sich nie erfüllen, wird auch manchmal als Depression bezeichnet. Bei manchen „Depressionen" empfindet die Person Zorn gegen sich selbst, weil es gelegentlich einfacher ist, sich selbst gegenüber zornig zu werden, als sich jemandem zu entfremden, dessen Anerkennung für uns wichtig ist. Bei anderen Leuten verbergen sich hinter dem Ausdruck „Depression" ungelöste emotionale Probleme.

Ich will mich hier mehr mit der Depression beschäftigen – ganz gleich, um welchen Typ es sich handelt und wie sie entstanden ist –, die weitaus schwerwiegendere und vielleicht lebensbedrohende Ausmaße angenommen hat. Der Unterschied zwischen den oben beschriebenen „Depressionen" und depressiver Krankheit – wie ich sie bezeichnen will –, ist nicht immer eindeutig, aber langsam erkennen wir Zusammenhänge, die einen besseren Sinn ergeben.

Im allgemeinen werden die ernsteren Formen der Depression – depressive Krankheit – von Psychiatern und klinischen Psychologen behandelt, während Seelsorger und Ratgeber bei leichten Depressionserscheinungen helfen. Manche Depressionen werden ärztlich behandelt, während sie in Wirklichkeit psychologischer Behandlung oder geistlicher Seelsorge bedürfen, während umgekehrt Seelsorger Personen behandeln, die eine ärztliche Behandlung brauchen. Manche Seelsorger sind der Überzeugung, daß die Depression nie als ärztliche oder psychiatrische Aufgabe gesehen werden darf, aber diese Anschauung wird zum Glück immer seltener.

Eine der umfangreichsten Bemühungen, exakte Definitionen zu erarbeiten, ist das „diagnostische und statistische Arbeitsbuch" (DSM III), das von der American Psychiatric Association herausgegeben worden ist. Obwohl es manche energisch ablehnen und andere sich lautstark dafür einsetzen, handelt es sich ohne Zweifel um den umfangreichsten Versuch, zu einer Standardterminologie für alle Formen der Geisteskrankheit, Persönlichkeits- und Verhaltensstörungen zu gelangen, und mit größter Sorgfalt darzustellen, wie sich verschiedene Zustände voneinander unterscheiden. Ohne Zweifel werden sich manche der Einteilungen ändern. Zumindest haben die Amerikaner einen großangelegten Versuch unternommen, mit der Sprachenverwirrung fertigzuwerden.

Mein eigener Beitrag soll darin bestehen, daß ich eine vereinfachte Darstellung kürzlich vorgeschlagener Klassifikationen von depressiven Krankheiten gebe.

Primäre Depressionen sind Gemütsstörungen, die *nicht* mit einer anderen Form von Geistes- oder körperlichen Krankheit, mit

Zuständen wie Alkoholismus, Homosexualität usw. zusammenhängen. Diese Unterscheidung ist notwendig, weil die Wirkung von körperlicher Krankheit auf Depression nicht bekannt ist. Deswegen ist es wichtig, sich darüber im klaren zu sein, ob es sich um eine primäre („reine") Depression handelt oder nicht.

Sekundäre Depressionen auf der anderen Seite ergeben sich im Laufe der obengenannten Krankheiten oder Zustände.

Bipolare Depressionen sind primäre Depressionen, die sich nicht nur durch abgrundtiefe Verzweiflung kennzeichnen, sondern auch durch euphorische und sogar manische Zustände. Es handelt sich um die Krankheit, die früher als manisch-depressive Psychose bezeichnet wurde.

Unipolare Depressionen – man vermutet, daß es verschiedene Arten gibt – sind nicht durch Verzweiflung und Euphorie gekennzeichnet. Wie man aus der Bezeichnung erkennen kann, handelt es sich um Zustände tiefster gefühlsmäßiger Finsternis, die nur durch eine Rückkehr in einen normalen Gemütszustand erleichtert wird.

Die Bezeichnung Depression ist bei all diesen Zuständen nur dann gerechtfertigt, wenn sie mindestens einen Monat, gewöhnlich aber noch viel länger andauert. Bei allen besteht eine Tendenz zu spontaner Besserung nach einem Zeitraum zwischen mehreren Monaten und einigen Jahren, auch wenn keine Behandlung stattfindet. Manchmal dauern unipolare Depressionen ein ganzes Leben lang oder eine spontane Besserung tritt ein, die jedes Jahr ein oder zwei Monate lang dauert und gewöhnlich im Sommer liegt. Bei schweren Formen von bipolarer Krankheit sind die Fluktuationen zwischen Manie und Melancholie ununterbrochen.

Es ist schwer zu glauben, daß Streß bei depressiver Krankheit keine Rolle spielt, denn die meisten von uns sind sich des Gefühls der Niedergeschlagenheit angesichts überwältigender Schwierigkeiten bewußt. Holmes und Rahe gingen 1967 sogar soweit, eine soziale Wiederanpassungsskala zu konstruieren, auf der verschiedene stressgeladene Situationen verschieden eingestuft wurden. Der Stress des Todes eines Verwandten, wenn man von einem Ehepartner verlassen wurde oder sogar wenn man sich eine neue Wohnung gekauft hatte, lag sehr hoch. Wenn man in einem Zeitraum von zwölf Monaten mehr als 300 Punkte auf der Holmes-Rahe-Skala angesammelt hatte, bestand ein hohes Risiko einer Depression oder eines Zusammenbruchs.

Die meisten Forschungsdaten scheinen gegenwärtig gegen Holmes und Rahe zu sprechen. Die Ereignisse des Lebens machen uns vielleicht unglücklich und setzen uns dem Streß aus, aber in sich selbst führen sie anscheinend nicht zu depressiver Krankheit.

Ich habe bereits darauf hingewiesen, daß die Grenzen zwischen Gefühlen und Niedergeschlagenheit, die durch äußere Umstände hervorgerufen werden, und der depressiven Krankheit, die auf körperliche Ursachen zurückgeht, unklar sind. Später hoffe ich, die Krankheiten ausführlich zu beschreiben, da stellt sich jedoch die Frage, ob es irgendwelche Testmethoden gibt, durch die man diese Krankheiten messen oder klassifizieren könnte. Lassen sie sich wissenschaftlich einordnen? Können wir sie qualitativ bestimmen und mit Zahlen beschreiben? Gibt es biochemische Tests oder Bluttests, die eine Art von der anderen unterscheiden? Gibt es psychologische Tests, die uns helfen, die Krankheit zu beurteilen?

Die Antwort auf alle diese Fragen ist ja. Manche Tests, ob biochemisch oder psychologisch, sind einfach und können ohne Probleme durchgeführt werden. Andere sind kompliziert, brauchen viel Zeit und kosten viel Geld. Manche sind gegenwärtig nur zu Forschungszwecken verfügbar. Die Frage ist jedoch: Wie zuverlässig sind sie? Messen sie, was sie messen sollen? Wie nützlich sind sie?

MESSUNG UND ZAHLEN

Lord Kelvin hat einmal gesagt: „Wenn du messen kannst, wovon du sprichst, und es in Zahlen ausdrücken kannst, dann weißt du etwas darüber, aber wenn du es nicht in Zahlen ausdrücken kannst, dann ist dein Wissen mager und unbefriedigend: Es mag zwar Wissen sein, aber du hast in deinem Denken kaum das Stadium der Wissenschaft erreicht, ganz gleich, worum es sich handeln mag."

Nicht jeder wird mit Lord Kelvin übereinstimmen. Manche Wissensbereiche sind einer Messung in Zahlen nicht zugänglich. Zweifelsohne ist es schwieriger, menschliche psychologische Eigenschaften zu messen als Vorgänge im Bereich der Physik, Chemie oder Astronomie.

Manche behaupten, daß das wissenschaftliche Modell, daß von Physikern und Chemikern gebraucht wird, in den Humanwissenschaften unbrauchbar ist, und vielleicht haben sie recht. Aber leider steht uns kein anderes Modell zur Verfügung als das, welches sich in den Naturwissenschaften bewährt hat, ein Modell, das von Zahlen, Tabellen, Graphiken und Mathematik abhängig ist.

Aber wir müssen vorsichtig sein. Zahlen und Begriffe können die Illusion schaffen, daß wir etwas wissen. Die Bezeichnung *Schwarzes Loch* in der Astronomie vermittelt uns das Gefühl, das wir wissen, das Schwarze Löcher sind, obwohl wir nur raten können, was in einem Schwarzen Loch vorgeht. Zahlen wie auch Begriffsbezeichnungen können einem Argument einen falschen Anschein der Präzision verleihen. Wenn wir von Messungen sprechen, denken die meisten von uns an Lineale und Zollstöcke. Zollstöcke werden nach bestimmten einheitlichen Vorschriften hergestellt – ursprünglich auf der Grundlage von Steinmaßen, die in wissenschaftlichen Instituten bei bestimmten Temperaturen aufbewahrt wurden –, und wer viel mit Zollstöcken umgeht, entwickelt eine hohe Präzision bei seinen Messungen. In den Humanwissenschaften müssen wir jedoch Dinge messen, die sich nicht so leicht erfassen lassen, wie Persönlichkeitszüge, Grade von Geisteskrankheit, die Wirksamkeit von Psychotherapie oder eines bestimmten Psychotherapeuten. Große Anstrengungen sind gemacht worden, um Meßinstrumente für einen wissenschaftlichen Ansatz zu menschlichen Problemen zu entwickeln. Sie haben sich weitgehend als nützlich erwiesen, indem sie uns gezwungen haben, geschätzte Märchen aufzugeben, bei unseren Beobachtungen disziplinierter vorzugehen, und sie haben verschiedene Forscher dazu befähigt, ihre Arbeiten miteinander zu vergleichen.

Trotzdem müssen wir darauf achten, die Meßinstrumente nicht zu ernstzunehmen. Es ist wahrscheinlich immer noch wahr, daß das beste Meßinstrument ein Mensch ist – eine gut ausgebildete, erfahrene Person, die mit Einfühlungsvermögen und Objektivität andere Menschen beurteilen kann. Ich bin tief überzeugt, daß gute Schriftsteller zum Beispiel den menschlichen Charakter besser beurteilen können als gute Psychologen, Soziologen oder Psychiater.

Dagegen wird häufig der Einwand erhoben, daß, wenn wir uns selbst als Meßinstrumente verwenden, wir uns auf unsere subjektiven Gefühle stützen. Die meisten von uns sind durch ständige Gehirnwäsche zu der Überzeugung gelangt, daß Objektivität der Subjektivität stets überlegen ist – die erste ist akkurat und verläßlich, die letztere ungenau und unzuverlässig. Richtig ist, daß meine subjektiven Eindrücke nicht immer mit den anderen übereinstimmen werden. Deshalb sind die subjektiven Eindrücke nur einer Person unzuverlässig. Aber keiner von uns würde leugnen, daß manche Leute ein besseres (subjektives) Urteilsvermögen haben als andere. Unser tägliches Leben hängt davon ab, daß wir auf Leute vertrauen, deren Urteil besser als das unsere ist.

Die Psychiater und Psychologen, die sich selbst als Meßinstrument gebrauchen, verlassen sich nicht allein auf ihre subjektiven Eindrücke, sondern auch auf Erfahrungen, die sie selbst gesammelt haben, und auf Beobachtungen, die in vielen Generationen gemacht worden sind und die von ihren Vorläufern in Form von Vorlesungen, Lehrbüchern und anderen Ausbildungsmethoden weitergereicht worden sind.

Probleme entstehen, wenn ein Forscher an einer Gruppe von depressiven Patienten Untersuchungen anstellt und ein anderer Forscher die Untersuchung mit einer anderen Gruppe von depressiven Patienten wiederholen will. Die Ergebnisse der zweiten Untersuchung können sich durchaus von der ersten unterscheiden. Ein Grund für den Unterschied kann sein, daß die erste Gruppe von Patienten stärker depressiv war als die zweite. Beide Forscher gebrauchten ähnliche Begriffe (*stark depressiv* oder *psychotische Depressionen*), aber vielleicht mit unterschiedlichen Kriterien. An diesem Punkt kommen uns Punktskalen zu Hilfe, die unsere verbale Beschreibung der Patienten mit Zahlen ergänzen.

WENN EXPERIMENTE NICHT ÜBEREINSTIMMEN

Es überrascht nicht, daß verschiedene Gruppen von Forschern bei ähnlichen Studien oft zu widersprüchlichen Ergebnissen und entgegengesetzten Schlußfolgerungen gelangen. Das ist nicht so schlimm wie es aussieht. Fortschritt ist langsam, aber wir lernen aus unseren Fehlern. Unglücklicherweise geschieht es oft, daß Ergebnisse (die sich manchmal als völlig falsch erweisen) in die allgemeine Presse gelangen. Die weniger spektakulären Korrekturen dieser Ergebnisse sind weniger interessant für die Nachrichtenmedien, und die allgemeine Öffentlichkeit erhält auf diese Weise lediglich ein Potpourri der letzten Mode der psychologischen Theorien.

Trotz dieser Begrenzungen ist die Wissenschaft von Nutzen. Sie hat depressiven Patienten viel Hilfe gebracht, vor allem in den letzten fünfzehn Jahren. Christen sollten jedoch nicht der Versuchung verfallen, wissenschaftlichen Ergebnissen den gleichen Wert zuzuschreiben wie der offenbarten Wahrheit, und sie sollten vor allem in bezug auf Zeitungsberichte von spektakulärem wissenschaftlichem Fortschritt höchst skeptisch sein. Wir dürfen aber die Wissenschaft nicht von vornherein ablehnen. Wenn wir uns die Entdeckungen der Wissenschaft ansehen, werden wir höchst beeindruckt sein von der erstaunlichen Funktionsweise des menschlichen Körpers und die Weisheit unseres Schöpfers preisen.

5. Die Masken der Melancholie

„Die Zeichen der Melancholie sind Schmerz und Kummer, Niedergeschlagenheit, Schweigen, Feindseligkeit, manchmal ein Verlangen zu leben, und manchmal ein Wunsch nach dem Tod, Verdacht von seiten des Patienten, daß gegen ihn eine Verschwörung im Gange ist."

Caelius Aurelianus, fünftes Jahrhundert nach Christus.

Die moderne Forschung führt zu der Anschauung, daß es verschiedene depressive Krankheiten gibt, die sich nicht nur durch ihre äußere Erscheinung und Schwere unterscheiden, sondern auch durch die Physiologie und Biochemie ihres Verlaufs. Doch wir wollen einmal alle Krankheiten in einen Topf werfen und Menschen beschreiben, die an Depression leiden. Die meisten der Krankheiten sind unipolar. Die Leidenden werden depressiv und erleben keine gehobenen Stimmungen. Bipolare Krankheiten, wie aus der Bezeichnung hervorgeht, unterscheiden sich von den andern darin, daß die leidende Person zwischen gehobenen Stimmungen und Verzweiflung schwankt.

Ich möchte deshalb versuchen, die Depression und Manie zu beschreiben und zumindest ihre vielen Formen darzustellen. Denn die Melancholie trägt viele Masken. Die Depression einer Person scheint ganz anders zu sein als die einer anderen. Die Veränderlichkeit von Depressionen wird in der Beschreibung von Aurelianus aus dem fünften Jahrhundert angedeutet:

"… manchmal ein Verlangen zu leben, und manchmal ein Wunsch nach dem Tod, Verdacht von seiten des Patienten, daß gegen ihn eine Verschwörung im Gange ist …"

Depressionen unterscheiden sich, und doch haben sie, wie wir bereits gesehen haben, sehr viel gemeinsam, was Ärzte einen „gemeinsamen Verlauf" nennen, und reagieren auf ähnliche Behandlungsmethoden. Aber ursprünglich treten sie in verschiedenen Formen auf.

Diese Unterschiede gehen darauf zurück, daß jeder Mensch anders ist. Eine hysterische Person wird noch hysterischer oder gar feindselig werden, Zwangsvorstellungen und Selbstmitleid nehmen zu, eine mißtrauische Person dagegen entwickelt eine ausgesprochene Paranoia, je fortgeschrittener die Krankheit ist. Bei milden Depressionen können die „nicht-depressiven" Symptome derart vorherrschen, daß der ihnen zugrunde liegende Zustand nicht diagnostiziert wird. Wir sollten uns deshalb zunächst die vielen Symptome ansehen, die als typisch für eine Reihe von Depressionen angesehen werden.

GEFÜHLE UND AFFEKT

Affekt ist ein Fachausdruck, der eine anhaltende Stimmung oder Gefühlsregung bezeichnet. Der Ausdruck *Stimmung* bezeichnet das emotionale Wetter („ich bin heute schlecht gestimmt") während *Affekt* das Klima darstellt („das ist nun seit Wochen schon so").

Depression ist der Affekt, der der depressiven Krankheit ihren Namen gibt. Nicht alle, die darunter leiden, gebrauchen dieses Wort. Sie sagen vielleicht „ich fühle mich niedergeschlagen – entmutigt", „ich möchte einfach aufgeben", „ich kann nicht mehr beten", „Gott hat keine Realität mehr", „meine Gebete kommen nicht weiter als bis zur Decke", „ich habe das Gefühl, das ich mein ganzes Leben lang ein Versager gewesen bin".

Wir alle empfinden gelegentlich derartige Gefühle. Es gibt viele verschiedene Wege, damit fertigzuwerden – ein Spaziergang, Nachdenken über Gottes Segnungen, ein guter Schlaf, Unterhaltungen mit Freunden, Loblieder, stille Zeit mit dem Herrn. Wenn uns diese Gefühle jedoch nach Wochen und Monaten immer noch plagen, sollten wir Hilfe suchen. „Die Aufgabe des Forschers besteht darin, herauszufinden, warum die meisten Menschen auf den Streß des täglichen Lebens mit vorübergehenden und kleineren Fluktuationen reagieren, während 5 % der Männer und Frauen einen oder mehrere Abstiege in den Abgrund der Verzweiflung erleben."

Leider gibt es bei Christen die Tendenz, ihre Depressionen nur als geistliche Phänomene zu sehen. Sie haben das Gefühl, vor Gott versagt zu haben. Seelsorger, die in dem gleichen Denkrahmen gefangen sind, diagnostizieren korrekt ein geistliches Problem bei einem Menschen, ignorieren eine depressive Krankheit bei einem anderen, fordern zum Glauben auf, wenn Glauben unmöglich ist, oder ermuntern ein Herz zum Lobpreis, das verdörrt ist wie eine getrocknete Zwetschge.

Ich erinnere mich an eine talentierte Musikerin, die täglich ans Klavier gesetzt wurde, um Lobeshymnen zu spielen und zu singen. „Zuerst funktionierte es", erzählte sie mir. „Zumindest fühlte ich mich vorübergehend besser. Aber im Laufe der Wochen wurde es immer schlimmer. Letzten Endes fing ich an, das Piano zu hassen. Ich haßte die Lieder. *Ich konnte meine Finger nicht zum Spielen zwingen.*" Ihre Symptome wurden behandelt, während die Krankheit weiter fortschritt. Während Ärzte mir häufig depressive Christen zuweisen, geschieht das selten von Seelsorgern. Vielleicht sind sie sich der Möglichkeit depressiver Krankheit weniger bewußt. Manche Patienten, die jahrelang seelsorgerlich betreut wurden, sind innerhalb weniger Monate völlig genesen, sobald einmal das wahre Problem erkannt und behandelt wurde.

Bei gläubigen Patienten tritt zusätzlich zu dem Affekt der Depression noch das Problem der Schuldgefühle. Ihre Erkenntnis von der Gnade und Barmherzigkeit Gottes scheint nicht in der Lage zu sein, ihnen zu helfen. Sie verurteilen sich als faul, als schlechte Eltern, als undankbare Ehepartner, als unzulängliche Brotgewinner, als untreue Zeugen, als selbstmitleidig usw. Sie mögen das Wesen der Vergebung Gottes zwar „verstehen", aber sie können sie nicht erfassen. Man hält sie dazu an, auf Tatsachen und nicht auf Gefühle zu trauen, und so bemühen sie sich zu gehorchen, aber manchmal setzen sich in ihnen Gedanken fest, denen sie lange widerstanden haben. Sie kommen zu dem Schluß, daß sie nie wahre Christen gewesen sind oder daß sie die Sünde wider den Heiligen Geist begangen haben. „Alle meine Freunde sagen mir, ich sei erlöst", sagte eine verwirrte Frau kürzlich, „und ich dachte das auch selbst. Aber jetzt weiß ich, daß ich es nicht bin."

Solche Patienten kennen oft weder Freude noch Vergnügen. In den frühen Stadien der Krankheit gab es noch Dinge, an denen sie sich freuten: Sonnenschein, ein Blumenstrauß, ein Besuch eines Freundes, ein geliebtes Stück Musik, ein Tag im Wald. Bei weiterem Fortschreiten der Krankheit wird der Patient manchmal völlig unfähig, an irgendetwas oder irgendwem Freude zu haben. Diese Unfähigkeit nennt man Anhädonie, ein bekanntes Symptom der Depression.

Manche weinen in Einsamkeit. Eine meiner Patienten wacht jeden morgen früh um 3 Uhr auf und weint bis 7 Uhr. Andere möchten gerne weinen, aber sind dazu nicht imstande. Durch Weinen würden sie Erleichterung erfahren. Aber ihre Tränendrüsen sind ausgetrocknet. Sie können nicht mehr weinen.

„ES KANN NICHT ALLES MEINE EINBILDUNG SEIN!"

Bei vielen Leuten ist das Hauptsymptom *Müdigkeit* und nicht Traurigkeit. Müde und überdrüssig, ohne inneren Antrieb, ohne Energie oder Ehrgeiz müssen sie sich dazu zwingen zu arbeiten. Manche verurteilen sich selbst für ihre „Faulheit". Andere, die sie beobachten, stellen vielleicht eine Verlangsamung ihrer Bewegungen fest. Ihr Schritt ist müde, ihre Rede ohne Humor, ihre Augen glänzen nicht. Sie befragen vielleicht einen Arzt über ihre Müdigkeit, und nach einer sorgfältigen körperlichen Untersuchung und einer Reihe von Tests (eine Untersuchung ist unbedingt notwendig, bevor eine Depression diagnostiziert werden kann) teilt man ihnen mit, daß es für ihre Müdigkeit keinen körperlichen Grund gibt, keine schädliche Infektion, keine Blutarmut, keine Funktionsstörung der Schilddrüse, nichts, das mit dem Herz, den Lungen, der Verdauung nicht stimmt, kein Grund, das Vorhandensein von Krebs zu vermuten. Wenn der Arzt oder der Patient sich nicht der Tatsache bewußt sind, daß Müdigkeit durch Depression hervorgerufen werden kann, wird der Patient die Praxis des Arztes in der Überzeugung verlassen, das etwas nicht stimmt, ohne zu wissen was. Und wo soll er nach Hilfe suchen? Bei einem Psychologen oder Psychiater? Das nicht! „Es kann doch nicht alles meine Einbildung sein!" sagt er sich.

Die Müdigkeit mag auch von einem Gefühl der Schwäche begleitet sein. „Ich fühle mich schwach. Meine Arme sind schwer. Es kann doch nicht nur mein Alter sein!" höre ich von manchen Patienten.

Manchmal ist die Verlangsamung der Bewegungen und des Handelns so offensichtlich, daß man von der Verlangsamung des Psychomotors spricht. Eine Frau sitzt in meinem Büro, ihr Gesicht ein Bild der Resignation. Sie scheint von einer unnatürlichen Stille ergriffen. Ich stelle Fragen. Es folgt eine lange Pause. Dann antwortet sie langsam, mit einer leisen, müden Stimme, mit ein oder zwei Worten. Sie leidet an der Verlangsamung des Psychomotors durch Depression.

Seltsamerweise kann der nächste depressive Patient sich ganz anders verhalten. Statt unbeweglich zu sein, ist er völlig unruhig. Sein Gesicht drückt Besorgnis aus, und er kann nicht still sitzen. Er wiederholt sich aus Furcht, daß ich ihn nicht verstanden habe. Oder er bombardiert mich mit Fragen. Wird es sich bessern? Was werde ich mit ihm tun? Werde ich ihn hinter Schloß und Riegel setzen? Wie lange wird es dauern, bis es ihm besser geht? Er ringt die Hände. Seine ängstlichen Fragen hören nie auf, und ich kann ihn kaum loswerden. Er hängt sich an mich, um immer wieder beruhigt und bestätigt zu werden. Er leidet an einer erregten Depression. Erregung und Verlangsamung des Psychomotors sind zwei Seiten eines Phänomens.

Unter Umständen besteht eine *Spannung und Angst,* Angst vor allem und nichts, Angst, die es vorher nie gab. Oder *Furcht.* Furcht vor dem Tode. Furcht vor dem nächsten Tag. Furcht vor Leuten. Spezifische vage, unklare Ängste. Ängste, die diejenigen plagen, die sie einst einfach hinweglachen oder mit einem starken Glauben von sich abweisen konnten.

„Ich kann mich nicht konzentrieren", sagen mir viele Patienten. „Ich lese eine Seite einer Zeitschrift und habe keine Ahnung, was ich gelesen habe. Ich habe in den letzten drei Monaten das Lesen nicht genießen können. Dabei habe ich immer viel gelesen. Und mein *Gedächtnis* scheint zu versagen. Ich kann mich einfach nicht erinnern ..." Oder: „Ich *kann keine Entscheidungen treffen.* Ich kann mich einfach zu nichts entschließen – selbst zu den einfachsten Dingen nicht."

Ich muß Dr. Emil Kraepelins klinischen Scharfsinn bewundern und seine lebhaften Beschreibungen von den depressiven Patienten, die er vor vielen Jahren behandelte. Die Beobachtungen und Meinungen, die er niederschrieb, werden mehr als siebzig Jahre später neu entdeckt. Kraepelin war der erste, der die Verbindung zwischen Manie und Melancholie entdeckte – eine Krankheit, die wir heute als bipolare affektive Krankheit bezeichnen:

> Denken ist schwierig für den Patienten, eine Störung, die er mit verschiedenen Ausdrücken beschreibt. Er kann seine Gedanken nicht sammeln oder sich nicht zusammenreißen; seine Gedanken sind wie gelähmt, unbeweglich. Sein Kopf fühlt sich schwer und dumpf an ... Er ist nicht mehr in der Lage, den Gedankenfaden eines Buches oder einer Unterhaltung

wahrzunehmen oder ihm zu folgen; er fühlt sich müde, entnervt, unaufmerksam, innerlich leer; er hat kein Gedächtnis; er besitzt kein Wissen über Dinge, mit denen er zuvor vertraut war; er muß lange über einfache Dinge nachdenken ... Er fühlt sich als ... „ein vom Schicksal enterbtes Geschöpf"; er ist skeptisch in bezug auf Gott, und mit einer dumpfen Unterwerfung, die ihn von jedem Trost und jedem Lichtblick abschließt, schleppt er sich mit Mühe von einem Tag zum andern.

Diese Beschreibung geht so weiter, eine Seite nach der andern, und beim Lesen fallen mir Patienten ein, die ich gekannt habe. Es könnte sich exakt um die Beschreibung ihres Zustandes handeln.

Die Symptome, die zeigen, daß ärztliche Hilfe vonnöten ist, sind bekannt als *hypothalamische Symptome,* d.h. Symptome, die sich auf den Teil des Gehirns beziehen (den Hypothalamus), der den Schlaf, Appetit, das Gewicht und unseren Hormonhaushalt reguliert. Auch hier gibt es Unterschiede. Bei weniger ernsten Depressionen haben die Patienten entweder Schwierigkeiten, einzuschlafen – wie wir alle manchmal – oder sie schlafen zuviel. „Ich schlafe, um dem Leben zu entfliehen", teilen mir manche Patienten mit. „Ich kann die ganze Welt ausschalten, wenn ich schlafe." Aber bei schweren Depressionen ändert sich die Verhaltensweise.

„Wie schlafen Sie?" fragte ich einen Mann mittleren Alters.

„Ach, es geht."

„Es geht?"

„Nun, ich schlafe nachts schon ein", sagte er vorsichtig, „aber ich wache ungefähr um vier Uhr morgens auf. Meistens wälze ich mich eine Zeitlang im Bett herum, aber es hat keinen Zweck. Ich stehe um halb fünf oder fünf auf."

„Und wie fühlen Sie sich um diese Zeit am Morgen?"

Er schüttelte langsam den Kopf.

„Der Morgen ist die schlimmste Zeit."

„Seit wann wachen Sie so früh auf?"

„Seit fünf oder sechs Monaten."

Das Sexualverhalten ändert sich auch. Manche Männer und Frauen werden geradezu mit Gedanken an Sex besessen und von Versuchungen geplagt, die gewöhnlich für sie kein Problem wären. Manche haben Affären, die ihnen keine Freude bringen und die nur die Schuldenlast beschweren, die sie bereits tragen. In einer psychologischen Zeitschrift wurde kürzlich Promiskuität bei

Frauen mit Depressionen gleichgesetzt. Auf der anderen Seite werden einige Männer in glücklichen Ehen plötzlich von homosexuellen Phantasien überwältigt.

Häufiger jedoch verringert sich der Sexualtrieb und verschwindet manchmal völlig. „Ich bin nicht daran interessiert." – „Ich kann es nicht mehr. Ich wünschte, ich könnte es, um meiner Frau willen. Ich weiß, daß es ihr weh tut." – „Ich hasse Sex. Nun, ich meine nicht hassen, sondern er bringt mir einfach nichts." Ob es sich um Schlaf oder Sex handelt, das Bedeutende ist die Veränderung, die Störung normalen Verhaltens und normaler Bedürfnisse.

Auch der Appetit kann sich verändern. Wie beim Schlaf ist die weniger häufige Verhaltensstörung das Verlangen nach mehr. Meistens ist es umgekehrt: Der Patient ißt weniger.

„Genießen Sie Ihr Essen?" frage ich.

„Nein, jedenfalls nicht so wie früher."

„Wie ist Ihr Appetit denn?"

„Ich scheine überhaupt keinen Appetit zu haben. Ich esse, weil ich weiß, daß ich es muß. Und ich habe ständig Verstopfung."

„Haben Sie an Gewicht verloren?"

Gewöhnlich haben die Patienten zwischen fünf und fünfzig Pfund an Gewicht verloren.

„Wollten Sie absichtlich Gewicht verlieren – wollten Sie schlanker werden?"

„Nein."

„Woher wissen Sie, daß Sie soviel Gewicht verloren haben? Sind Sie sicher, daß Sie sich nicht täuschen?"

„Meine Kleidung ist zu weit geworden. Meine Hosen fallen herunter. Ich habe Sie ändern lassen müssen."

Auf jeden Fall unterziehe ich die Patienten einer gründlichen körperlichen Untersuchung. Ich will noch einmal die Bedeutung einer solchen Untersuchung betonen. Gewöhnlich stellt sich heraus, daß nichts außer der Depression den Gewichtsverlust erklären kann.

Manche Patienten haben ein anderes seltsames Symptom, das wir als Tagesschwankungen des Gemüts bezeichnen. Ihre Stimmung bessert sich am späten Nachmittag oder Abend etwas. Am Morgen erscheint ihnen das Leben unerträglich. „Es kommt über mich, sobald meine Füße den Boden berühren und ich sage nur: ‚Jetzt geht's wieder los'." Aber gegen Ende des Tages wird es etwas besser. Die Situation sieht etwas hoffnungsvoller aus – wenigstens bis zum nächsten Morgen. Selbst der Speichelfluß im Mund ändert sich im Laufe des Tages. Die inneren Uhren des Gehirns funktionieren nicht mehr richtig.

Früher hieß es in Lehrbüchern der Psychiatrie, daß unipolare und bipolare Krankheiten im mittleren Alter einsetzen. Man glaubte allgemein, daß zum Beispiel die erste Depression etwa im Alter von vierzig Jahren einsetzt. Aber durch sorgfältigere Untersuchungen und besserer Datensammlung hat man eine wachsende Anzahl von depressiven Teenagern entdeckt. Es gibt drei verschiedene Ansichten in bezug auf Depression bei Heranwachsenden, die häufig von Psychiatern vertreten werden:

1. Sie kommt fast überhaupt nicht vor.

2. Sie kommt vor, aber in Form einer „Abweichung von der Verhaltensnorm", wo das gestörte Verhalten als „depressives Äquivalent" bezeichnet wird.

3. Wenn man genaue Untersuchungen anstellt, findet man alle Merkmale der Depression wie bei Erwachsenen vor.

Selbst Kinder leiden an depressiver Krankheit. Bei meinen eigenen Patienten habe ich festgestellt, daß sich die Zensuren depressiver Kinder sprungartig bessern, wenn ihre Depression sich bessert.

Bipolare Krankheit kann ebenfalls im Kindes- oder Jugendlichenalter auftreten. Von neun manisch-depressiven Patienten, bei denen man rückblickend feststellen kann, daß die ersten manischen Anzeichen vor einem Alter von sechzehn Jahren auftraten, wurde früher – nur einer korrekt diagnostiziert.

TARNSYMPTOME

Dann gibt es Symptome, wie ich bereits erwähnt habe, die die ihnen zugrundeliegende Depression verdecken: Angst- und Zwangszustände. Ich kann mich nicht daran erinnern, von ihnen je in Lehrbüchern gelesen oder in Vorlesungen gehört zu haben, aber ich entdeckte sie durch Zufall.

Vor ein paar Jahren kam ein dreiunddreißigjähriger Mann wegen eines Problems zu mir, das manche Psychiater als Angstzustand, andere als einen Zwang beschreiben würden. Er hatte Angst, er würde jemanden mit seinem Wagen anfahren. Jeden

Tag, wenn er von der Arbeit nach Hause kam, hatte er das Gefühl, er habe vielleicht einen Fußgänger angefahren. „Es geschieht gewöhnlich, wenn ich um eine Straßenecke fahre", erzählte er mir. „Ich bin nicht sicher, daß ich nicht jemanden einfach übersehen habe. Oder ich habe das Gefühl, das Auto sei gegen etwas gestoßen oder habe es vielleicht an der Seite gestreift."
„Aber Sie haben doch den Zusammenstoß nicht wirklich gehört?"
„Nein, aber ich muß immer wieder zu der Stelle zurückfahren, um nachzuprüfen, daß nichts passiert ist."
„Sie fahren wirklich wieder zurück?"
„Ziemlich häufig. Ich rege mich immer sehr auf, wenn ich es nicht tue. Es ist verrückt, nicht wahr?"

Er brach beinahe in Tränen aus. Dann teilte er mir voller Scham mit, daß seine sexuellen Beziehungen zu seiner Frau nicht sehr gut waren, daß er „sie nicht befriedigen" konnte und daß ihre Beziehung recht gespannt war. Rückblickend kann ich mir nicht erklären, warum ich ihm ein antidepressives Medikament verschrieben habe. Aber ich tat es trotzdem, und innerhalb von fünf Wochen ging es ihm wieder gut.

Seine Frau begleitete ihn bei diesem Besuch. Beide lächelten mit dankbarem Staunen. „Es ist weg – völlig weg. Ich denke nicht einmal mehr daran ... gewiß, ab und zu einmal schon, aber ich kann den Gedanken sofort von mir weisen", sagte er mir. „Und unser Problem" – er warf seiner Frau einen verlegenen Blick zu – „hat sich jetzt auch gelöst."

Im Laufe unserer Unterhaltung stellte sich heraus, daß er an einer schweren Depression gelitten hatte, die durch die ihm obliegenden Zwänge und seinen sexuellen Schwierigkeiten maskiert worden waren. Er nahm die Medikamente drei weitere Monate ein; dann wurden sie abgesetzt. Als ich ihn das letzte Mal sah, ging es ihm immer noch gut. Das Bedeutende hier ist nicht, daß die Medikamente ihn heilten. Die Methode der Heilung ist relativ unbedeutend. Von Bedeutung ist vielmehr, daß seine Zwänge Symptome der Depression waren.

Ich wünschte, alle Zwänge ließen sich so leicht kurieren. Leider ist das nicht so. Ich habe mir nie die Zeit genommen, um meine Unterlagen durchzuschauen und zu sehen, wie viele Patienten mit Angstzuständen und Zwängen auf antidepressive Behandlung positiv reagiert haben. Aber die Beziehung zwischen diesen Zuständen und depressiver Krankheit wird jetzt allgemeinhin anerkannt.

Ein kürzlich veröffentlichter Bericht untersuchte die Beziehung zwischen Depression und Platzangst, eine Angst vor öffentlichen Plätzen, die die Betroffenen dazu zwingt, zu Hause zu bleiben. Ich habe erlebt, wie eine Reihe von Patienten, bei denen andere Behandlungsmethoden nur teilweise erfolgreich waren, durch antidepressive Medikamente von ihren Ängsten frei wurden.

Keine Zwangsvorstellungen können schmerzlicher sein als eine ständige Invasion von gotteslästerlichen und obszönen Gedanken und Worten, wie sie manche Christen erleben. Ich erinnere mich an einen Pastor, der ständig von seiner Furcht vor der Sünde wider den Heiligen Geist gequält wurde. Als überzeugter Calvinist mit einem ausgeprägten theologischen Verstand konnte sein scharfer Intellekt jede Seite eines Arguments erkennen. Er liebte den Herrn inbrünstig. Aber sexuelle Gedanken erfaßten ihn, bis er nicht mehr fähig war, sie auszuschalten und gotteslästerliche Obszönitäten verdrängten jeden Versuch, frei zu werden.

„Wie kann ich ein Christ sein, wenn mich solche Gedanken beherrschen?"

Er kannte jeden Zuspruch aus der Bibel, den ich ihm geben konnte, deutete sie aber alle zu seiner eigenen Verurteilung um.

Satanisch? Vielleicht, aber in diesem Fall nutzte der Satan einen kranken Körper aus. Nachdem ich das Wesen und die Ursachen seines Zustandes gründlich untersucht und sein Psycho-System durch antidepressive Behandlung reguliert hatte, konnte ich ihm helfen, sein Problem unter Kontrolle zu bringen. Er konnte predigen, sich an seiner Familie freuen und seiner Gemeinde dienen. Seine Zwangsvorstellungen waren verschwunden, weil die Depression, die sie verursachte, wirkungsvoll behandelt worden war. Wenn auch nicht alle Zwangsvorstellungen auf eine Depression zurückgehen, sollte bei ihrem Auftreten ein Seelsorger sie jedoch als Möglichkeit in Erwägung ziehen, denn häufig sind sie es.

Dann gibt es die Hypochondrie, eine übertriebene Besorgnis über die eigene Gesundheit. Solche Patienten können sich zum Beispiel endlos mit ihrer Verdauung beschäftigen. Ein alter Mann, dem ich im Krankenhaus ständig versuchte, aus dem Weg zu gehen – wie ich zu meiner Schande gestehen muß –, klammerte sich stets an mir fest, sobald er mich sah. Was hatte ich mit all dem Blut vor, das er ausschied? Die Krankenschwester überpüfte seine Urinproben, konnte aber kein Blut feststellen. Wann würde er den Augenarzt, den Herzspezialisten, Darmspezialisten, den Orthopäden und den Neurologen aufsuchen? Wußte ich denn nicht, daß er Nierenkrebs, Krebs im Darm und an seinem Penis hatte? Was würde ich unternehmen, um seine Erblindung zu verhindern?

Nach einer Behandlung mit Antidepressiva war er ruhig und vernünftig und versicherte, es ginge ihm ausgezeichnet. Seine Sorgen über seine Gesundheit hatten sich verflüchtigt. Wiederum ist der wichtige Punkt nicht die Behandlungsmethode, sondern die Tatsache, daß seine Besorgnis über seine körperliche Gesundheit derart übertrieben war, weil er an einer Depression litt. Die Hypochondrie hatte das Ausmaß von Wahnvorstellungen angenommen, was mich daran erinnert, daß depressive Patienten tatsächlich psychotisch werden können. Das heißt, sie können die Verbindung zur Realität verlieren und zu Wahnvorstellungen und Halluzinationen kommen.

Eine Depression kann von *Wahnvorstellungen* von Schuld und Sünde, einem Gefühl moralischen Versagens oder eingebildeter Armut begleitet werden. Bei Männern fällt häufig eine pessimistische Einstellung zu ihrer Fähigkeit, für sich selbst und ihre Familien zu sorgen, auf. Es kann auch nihilistische Wahnvorstellungen geben wie die Einbildung, daß einem die Eingeweide verfaulen oder daß man bereits gestorben ist. Die paranoiden Wahnvorstellungen sind ihrem Wesen nach depressiv; die eingebildeten Peiniger versuchen lediglich, dem Leidenden die Strafe aufzuerlegen, von der er glaubt, daß er sie wirklich verdient.

Ich denke an einen 56jährigen Chirurgen, der in unser Krankenhaus gebracht wurde. Er glaubte fest, daß er an jenem Nachmittag einen Patienten auf dem Operationstisch getötet hatte. (Die Operation war schwer gewesen, aber der Patient erholte sich gut.) Die Frau des Chirurgen erzählte mir, ihr Mann sei wochenlang sehr müde gewesen, sei schweigsam geworden und habe nicht mehr wie üblich sorgfältig seine Fachzeitschriften gelesen.

Er schien tief depressiv und ängstlich zu sein und schüttelte immer wieder den Kopf.

„Sie haben ihre Patientin nicht umgebracht", sagte ich. „Es geht ihr ausgezeichnet."

Lange Pause.

„Woher wissen Sie das?"

„Ich habe mit Ihrem Kollegen gesprochen."

„Sie versuchen, die Wahrheit zu vertuschen – Sie, meine Frau und mein Kollege. Ich habe mein Leben verpfuscht. Ich habe gegen Gott gesündigt. Ich habe meine Familie ruiniert." Wir konnten nichts sagen, das ihn beruhigte, keine Erinnerungen an die Barmherzigkeit Gottes oder daran, wie gut es seiner Familie doch ging, drangen zu ihm durch.

Im Laufe der Tage kam er zu der Überzeugung, meine Sprechstunden mit ihm seien geheime Verhöre, deren Zweck darin bestünde, ihn zu einem Zugeständnis der Schuld zu überlisten. Jetzt war alles aus. „Sie brauchen nichts vorzutäuschen", sagte er zu mir. „Ich will gerne alles gestehen." Seine einzige Furcht war, daß seine Familie dabei zerrüttet würde. (Er hatte noch schulpflichtige Kinder zu Hause). Er war „bankrott". Er würde es nie fertigbringen, sich aus seinen Schulden herauszuarbeiten, denn seine Kräfte waren verzehrt. Sein Ruf war ruiniert usw.

Die Wahnvorstellungen meines Patienten, wie die zuvor erwähnten, waren das, was wir als stimmungskongruent bezeichnen, d.h. es handelte sich um Wahnvorstellungen, die die Gefühle der Depression begleiten. Ihre Stimmungskongruenz war ein wichtiger Hinweis darauf, daß seine Psychose eine schwere Depression darstellte und daß es sich nicht um Symptome einer Krankheit wie Schizophrenie handelte. Auch in diesem Fall geschah es, daß seine Wahnvorstellungen verschwanden, nachdem wir die Depression behandelt hatten; sein Optimismus kehrte zurück, und heute erfreut er sich einer geschäftigen und erfolgreichen Praxis. Emil Kraepelin beschrieb diese Art der Depression: „Der Patient sieht, daß er von Spionen umgeben ist, von Detektiven beschattet, daß er in die Hände eines geheimen Gerichts gefallen ist, einer sich rächenden Nemesis, daß er ... ins Gefängnis gebracht wird ... um geschlachtet, hingerichtet, verbrannt und ans Kreuz genagelt zu werden; alle seine Zähne werden ihm ausgezogen, seine Augen gelöscht, er wird mit Syphilis geimpft; er muß verfaulen und auf dreckige Weise umkommen. Seine Nachbarn verachten ihn, man verspottet ihn und grüßt ihn nicht mehr; sie speien vor ihm aus. Die Zeitungen enthalten Andeutungen, die Predigt ist an ihn gerichtet; seine Sünden werden öffentlich bekanntgemacht."

Kraepelin übertrieb keineswegs. Ich kenne solche Patienten, aber es gibt sie heute weniger als früher, teilweise deshalb, weil sie in einem früheren Stadium behandelt werden. Eine Zeitlang herrschte Verwirrung darüber, ob es sich bei ihnen um Schizophrene handelte oder nicht. Diese Frage ist kompliziert, aber von großer Bedeutung. Manchmal ist es sehr schwer, zwischen beiden zu unterscheiden. Stimmungskongruenz ist eines der Merkmale einer nicht-schizophrenen depressiven Psychose. Eine genaue Unterscheidung ist wichtig, denn unsere Waffen gegen die Depression sind sehr wirksam, und die Aussichten auf Erfolg sehr viel besser als bei Schizophrenie.

Eine seltsame Eigenschaft der depressiven Krankheit ist ihre gelegentliche Tendenz, als *chronischer Schmerz* in Erscheinung zu treten. Mehr als einmal habe ich solche Patienten beobachtet und behandelt. Viele von ihnen sind sehr betriebsame Menschen. Plötzlich tritt ein ziehender Schmerz in einem Gelenk auf, der sich durch kein Röntgenbild oder andere Untersuchungen erklären läßt. Blumer beschreibt den Schmerz des Patienten als ununterbrochen und stellt fest, daß die Patienten auf das entsprechende Körperteil hypochondrisch fixiert sind. Es handelt sich um Patienten, die emotionale oder zwischenpersönliche Schwierigkeiten leugnen und familiäre Beziehungen idealisieren. Sie haben nicht nur eine Lebensgeschichte, die von Arbeit geprägt ist, bevor der Schmerz auftrat, sondern sie zwingen sich trotz ihres Schmerzes weiter voran und geben erst auf, wenn sie ihr Ziel erreicht haben.

Ein 67jähriger Mann wurde von einer Schmerzklinik zu mir geschickt. Seit mehreren Jahren wurde er von Rückenschmerzen geplagt, für die keine physische Ursachen zu finden waren. Seit seiner Pensionierung hatte sich sein Schmerz stark verschlimmert, und er konnte sein Haus kaum verlassen. Keine Behandlung durch konventionelle Medizin konnte den Schmerz erleichtern. Er war depressiv, aber es war schwer zu erkennen, ob seine Depression ein Ergebnis seines Schmerzes und des nutzlosen Lebens war, das er – nach seiner eigenen Anschauung – seit seiner Pensionierung gelebt hatte, oder ob der Schmerz und die Nutzlosigkeit durch die Depression verursacht wurde. Wir standen vor einem Problem wie das von der Henne und dem Ei.

Da wir nichts zu verlieren hatten, willigte er ein, sich einer Behandlung mit antidepressiven Medikamenten zu unterziehen. – „Ich glaube nicht an Arznei, Herr Doktor. Außerdem ist das Problem nicht in meinem Kopf, sondern in meinem Rücken. Aber wenn Sie sagen, ich muß die Tabletten einnehmen ..." – Sechs Wochen später war seine Kraft zurückgekehrt, der Schmerz war verschwunden, und er beschäftigte sich eifrig mit Reparaturen an seinem Haus und arbeitete in seinem Garten. Schade, daß er nicht früher behandelt worden war!

GEFÜHLE, DIE EINE DEPRESSION VERBERGEN

Bipolare Krankheit kann auch mit emotionaler Labilität verwechselt werden. Eine Untersuchung an einer Gruppe von Jugendlichen sollte die Wirkung von Lithium auf ihr Verhalten zeigen. Die jungen Leute hatten wegen ihres auffälligen Verhaltens ständig große Schwierigkeiten und erlebten ständige Stimmungsschwankungen. Einmal waren sie scheinbar glücklich (kokett, lachend, scherzend), beschrieben sich aber selbst eher als ratlos, getrieben und nicht glücklich. Diese Stimmung wurde unterbrochen von Zeiten der Niedergeschlagenheit. Während ihres „Hochs" widersetzten sie sich jeder Autorität, gingen nicht zur Arbeit und erwiesen sich als manipulativ. Ihre Stimmungsschwankungen dauerten manchmal Stunden, manchmal Tage. Während der Behandlung mit Lithiumkarbonat wirkten sie ausgeglichen und ihr Verhalten besserte sich zusehends.

Wechseljahre (Menopause) und Menstruation sind Erscheinungen, bei denen eine Depression vorliegen kann, oft aber nicht erkannt wird. Frauen, die an prämenstrualer Depression leiden, sind meistens frei von Depression, wenn sie die Pille nehmen. Frauen, die keine prämenstruale Depression kannten, wurden dagegen gereizt und depressiv, wenn sie die Pille einnahmen.

Unser Verständnis der emotionalen Krankheiten, die im Zusammenhang mit der weiblichen Fortpflanzungsfunktion auftreten können, ist immer noch unvollständig. Die „drei Tage Schwermut", die manche Frauen nach einer Geburt erleben, dauert manchmal länger als drei Tage und kann psychotische Ausmaße annehmen. Die Depression ist die häufigste der Psychosen, die einer Geburt folgen. Ein Nervenzusammenbruch nach einer Geburt ist in den Ländern zum Gegenstand genauerer Untersuchungen geworden, in denen das Gesetz eine Abtreibung zuläßt, wenn die Schwangerschaft nicht nur das Leben der Mutter bedroht, sondern auch ihre Gesundheit, wenn zum Beispiel eine Geisteskrankheit während der Schwangerschaft eintritt.

Ich persönlich habe aber nie eine Abtreibung aufgrund der Gefahr für die geistige Gesundheit der Mutter empfohlen. In manchen Fällen hatte ich guten Grund zu glauben, daß die Geburt wahrscheinlich bei der Mutter eine Geisteskrankheit zur Folge hat. Warum zögerte ich dann?

Ganz abgesehen von ethischen Überlegungen habe ich zwei Gründe. Erstens folgt oft auf eine Abtreibung selbst eine (manchmal selbstmörderische) Depression. Die Entscheidung zur Abtreibung bedeutet, daß ein schweres Risiko für ein anderes eingetauscht wird. Zweitens lassen sich nachgeburtliche Depressionen recht leicht behandeln. Die psychische Gesundheit der Mutter ist gewöhnlich nur vorübergehend bedroht. Wenn Patienten an mich überwiesen werden, damit ich die psychischen Gefahren einer Schwangerschaft einschätze, bekomme ich das Gefühl, daß ich das Gewissen meiner ärztlichen Kollegen beschwichtigen soll, die sich selbst über die Richtigkeit einer Abtreibungsempfehlung nicht im klaren sind.

Frühe Untersuchungen schienen auch darauf hinzudeuten, daß Hysterektomie (= Entfernung der Gebärmutter) mit einem erhöhten Risiko depressiver Krankheit verbunden war und sogar die Ursache der Krankheit sein konnte. Eine erneute Prüfung älterer Untersuchungen und neuere Ergebnisse scheinen eher zu dem Schluß zu führen, daß die Depressionen mit der Menopause und nicht so sehr mit der Hysterektomie verbunden sind. Zu den Frauen, die sterilisiert werden, gehören eine äußerst hohe Zahl von Frauen in der Menopause. Von den Frauen, die zum ersten Mal eine Frauenklinik besuchten, wurden 10 % als psychisch nicht gesund eingestuft, und die Hälfte von diesen befanden sich in der Menopause.

Tragischerweise kann man bei älteren Personen die Depression leicht mit Altersverwirrung der Altersschwäche verwechseln. Aus einer Reihe von Gründen, die mit degenerativen Veränderungen im Gehirn zu tun haben, werden ältere Patienten vergeßlich und können sich manchmal nicht um sich selbst kümmern. Ihre Erinnerungen an weiter zurückliegende Ereignisse können recht genau sein, während sie sich an kürzliche Begebenheiten nur schwach erinnern können. Solche Patienten werden oft mit Diagnosen wie „zerebrale Arteriosklerose" ins Pflegeheim eingeliefert.

Aber unter den verwirrten älteren Personen befinden sich manche, die deshalb verwirrt sind, weil sie an einer depressiven Krankheit leiden. Das schlechte Gedächtnis entsteht bei diesen Fällen aus ganz anderen Gründen. Man könnte sie behandeln und somit ein klares Denken wieder ermöglichen. Ich selbst habe kürzlich drei ältere weibliche Patienten behandelt, die alle verwirrt waren und an schlechtem Gedächtnis litten. Wegen ihres schlechten körperlichen Zustandes wurden sie mit Elektroschocktherapie (EST) statt mit antidepressiven Medikamenten behandelt. Es gelang mir, ihr Gedächtnis wieder zu aktivieren und die Verwirrung zu beseitigen.

Fassen wir zusammen: Die Depression trägt viele Masken. Sie mag als Phobie, Zwangsvorstellung oder typisches Frauenleiden auftreten. Sie kann mit einer Drei-Tage-Schwermut nach der Geburt verwechselt werden oder durch psychotische Wahnvorstellung gefärbt sein. Sie kann sich hinter der Maske der Altersschwäche oder Verwirrung verbergen. Aber wenn alle Symptome des Patienten systematisch untersucht werden, läßt sich die Krankheit demaskieren.

Das DSM III (Diagnostisches und Statistisches Arbeitsbuch III) führt die folgenden Kernsymptome der Depressionen auf.

A. Stimmungsstörungen, Verlust an Interesse oder Vergnügen an allen oder fast allen gewöhnlichen Tätigkeiten und Zeitvertreib. Stimmungsstörung wird durch Symptome charakterisiert wie: deprimiert, traurig, hoffnungslos, niedergeschlagen, reizbar. Sie muß stark hervortreten und nachhaltig auftreten, braucht aber nicht unbedingt das dominierende Symptom zu sein. Momentane oder zeitweise Verschiebungen zu einer anderen Stimmung sind nicht ausgeschlossen; zum Beispiel Angstzustand wird zu Depression, wird zu Zorn, wie es bei Zuständen akuter psychotischer Aufgewühltheit vorkommt.

B. Mindestens vier der folgenden Symptome traten fast jeden Tag in einem Zeitraum von mindestens zwei Wochen auf (bei Kindern unter sechs mindestens drei der vier).
(1) Schlechter Appetit oder beachtlicher Gewichtsverlust (ohne Schlankheitskur) oder Appetitzunahme und beachtliche Gewichtszunahme (bei Kindern unter sechs muß man auf das Nichterreichen zu erwartender Gewichtszunahme achten);
(2) Schlaflosigkeit oder Schlafsucht;
(3) Anregung oder Verlangsamung des Psychomotors, aber nicht lediglich subjektive Gefühle der Rastlosigkeit oder Verlangsamung – (bei Kindern unter sechs: Hyperaktivität);
(4) Verlust von Interesse oder Vergnügen an gewöhnlichen Tätigkeiten, Verringerung des Geschlechtstriebs, die sich nicht auf einen bestimmten Zeitraum beschränkt, wenn Wahnvorstellungen auftreten (bei Kindern unter sechs: Zeichen der Lustlosigkeit und Apathie;
(5) Energieverlust, Müdigkeit;

(6) Gefühle der Wertlosigkeit, Selbstverurteilung, übertriebene oder unangebrachte Schuldgefühle (beide können auf Wahnvorstellungen beruhen);
(7) Beschwerden oder Anzeichen einer verringerten Denk- oder Konzentrationsfähigkeit wie verlangsamtes Denken oder Unentschlossenheit;
(8) Immer wieder auftretende Gedanken an den Tod, Selbstmord, Todeswünsche oder Selbstmordversuche.
Diese Symptome bedeuten, daß Hilfe unbedingt nötig ist – medizinische Hilfe wie auch Verständnis, Mitfühlen und Bestätigung.

DIE BIPOLARE KRANKHEIT

Bei der bipolar affektiven Krankheit erlebt ein Patient Hochstimmungen und Niedergeschlagenheit, einen Wechsel von entgegengesetzten Gemütslagen. Die Krankheit unterscheidet sich auf verschiedene Weisen von anderen depressiven Krankheiten. Der erste und offensichtlichste Unterschied sind die Phasen der Erregung und Hochstimmung. Zudem unterscheidet sich die Wirkung von Lithium auf die Krankheit. Lithiumkarbonat kontrolliert nicht nur die manischen Phasen, sondern kann auch die depressiven Phasen ausschalten oder zumindest ihre Länge und Schwere reduzieren. Lithium scheint jedoch die Zellmembranen bei bipolaren Patienten auf andere Weise zu beeinflussen als bei unipolaren. 1979 behandelten Ramsey und seine Mitarbeiter eine Reihe von unipolaren und bipolaren Patienten sowie eine Kontrollgruppe von sieben gesunden Personen mit Lithium.

Sie erkannten, daß bei Patienten mit bipolarer Krankheit die Konzentration von Lithium in den roten Blutkörperchen vergleichsweise höher war als bei Patienten mit unipolarer Krankheit und der gesunden Kontrollgruppe. Es scheint, daß bei bipolaren Patienten die Zellmembranen eine andere Permeabilität in bezug auf Lithium haben. Diese Tatsache scheint zu erklären, warum manchen Patienten mit Lithium geholfen werden kann und anderen nicht.

Bipolare Krankheit unterscheidet sich auch von unipolaren Krankheiten in ihrer Vererblichkeit. Die meisten Tatsachen deuten darauf hin, daß sie durch ein dominantes Gen weitervererbt wird. Interessanterweise läßt sie sich bei mehreren Generationen bipolarer Patienten durch ein Markierungsgen identifizieren, ein Gen, das sich in der Nähe des Gens für bipolare Krankheit auf dem gleichen Chromosom befindet. Eine Reihe von Studien haben in einigen „bipolaren Familien" ein Markierungsgen entdeckt. Es handelt sich um ein Gen auf einem X-Chromosom, das in dem rotgrünen Spektrum Farbenblindheit verursacht. Sein Auftreten ist über mehrere Generationen bestimmter Familien mit einer hohen Zahl von Fällen bipolarer Krankheit aufgespürt worden.

Es gibt deshalb guten Grund zu glauben, daß sich die bipolare Krankheit grundlegend von den unipolaren Krankheiten unterscheidet.

Bipolare Krankheit kann jedoch mit einer Depression anfangen. Es ist deshalb sehr wichtig, daß man einen depressiven Patienten bei der Untersuchung nach Hochstimmungen, großer Geldverschwendung oder Aufregung, und nach Anzeichen bipolarer Krankheit bei anderen Familiengliedern befragt. Ich habe Patienten behandelt, die keinerlei Kenntnis ihrer Familiengeschichte hatten und während drei Depressionsphasen nie ein Hochgefühl erlebt hatten. Als sie dann plötzlich von einem solchen Stimmungswechsel überrascht wurden, entdeckte ich, daß ich sie jahrelang fälschlicherweise als unipolare Patienten eingestuft hatte.

Die manischen Perioden treten mit unterschiedlicher Intensität auf. Manchmal sind sie so mild, daß niemand außer engen Freunden und Familienmitgliedern sie bemerkt, andere sind wegen des Grades der Erregung auffallender (was man früher als Hypomanie bezeichnete) und manche sind so extrem, daß sie eine volle manische Erregung darstellen.

Manche Patienten reden viel. Manchmal können sie den Wortfluß kontrollieren, aber meist sind sie im Reden kaum zu bremsen. Aber hinter dieser Redseligkeit liegt mehr die Begeisterung des Patienten als die Brillanz seiner Rede. Manische Patienten fliegen von einem Thema zum andern, sind aber dabei oft amüsant, daß ihre Freunde von der Begeisterung mitgerissen werden. Aber wenn man das, was sie sagen, etwas objektiver betrachtet, wird es klar, daß ihre Rede eine *Gedankenflucht* darstellt, ein übertriebener Wechsel von einem Gedanken zum andern. Oft sind sie euphorisch, aber ihre Freude kann sich blitzschnell in Wut verwandeln, wenn jemand sich ihren Wünschen widersetzt oder ihre Ideen in Frage stellt.

Ihre Urteilskraft ist gewöhnlich beeinträchtigt. Sie geben viel Geld aus, leihen sich Geld und investieren es mit hohem Risiko, schmieden großartige Pläne, unmögliche Dinge zu vollbringen, und scheinen endlose Energie zu besitzen. Sie schlafen wenig und brauchen scheinbar keine Ruhe. Sie stecken ihre Nasen in andere Leute Angelegenheiten, streiten sich mit ihren Freunden und hinterlassen eine Spur von Katastrophen.

Manchmal trinken sie zuviel, flirten ständig und haben eine Affäre nach der anderen, ohne die Konsequenzen zu bedenken. Wenn sie Christen sind, scheint ihr Gewissen Handlungen zu befürworten, die sie gewöhnlich erschrecken würden. Gott sagt ihnen vielleicht, daß sie die Weltgeschichte verändern sollen. Sie schaffen Aufruhr in Kneipen, Gemeinden und zu sonstigen Anlässen. Der bemerkenswerteste Aspekt ihres Verhaltens ist das Tempo, mit dem sie von einem Unheil zum nächsten eilen.

Wenn das Wesen der Krankheit nicht entdeckt und behandelt wird, kann sie sich über Jahre hinziehen, um dann von einem Tag auf den anderen zu verschwinden. Glücklicherweise bekommen diese Menschen häufig Schwierigkeiten mit der Polizei und dem Gericht und werden schnell in psychiatrische Behandlung verwiesen.

Wenn die manische Phase nicht behandelt wird, kann die Verwirrung in der Rede und dem Verhalten ein solches Ausmaß annehmen, daß sich ein Fachmann, der den manischen Patienten zum ersten Mal sieht, großen Schwierigkeiten bei der Diagnose gegenübersieht und vielleicht fälschlich annimmt, daß der Patient an einer Form schizophrener Erregung leidet. Dr. Carlson und Dr. Goodwin konnten vor ein paar Jahren die Unterlagen von 20 manischen Patienten studieren, in denen alle Einzelheiten des Krankheitsverlaufs genau festgehalten worden waren. Sie stießen dabei auf drei Phasen des manischen Anfalls:

In Stadium I wurde ein Patient wie folgt beschrieben: „etwas unter Druck beim Reden, weicht häufig vom Thema ab, überdreht, glücklich." Eine andere Patientin „redete und lachte viel, war reizbarer, verführerischer, hatte Ideen, die sie in Schwierigkeiten bringen könnten". Ein dritter Patient wurde beschrieben als „ablenkbar, beschwert sich über flüchtige Gedanken, witzig, aufdringlich, glücklich, konzentrationsunfähig, impulsiv, redet zu viel und singt".

In Stadium II wurde stärker gestörtes Verhalten beschrieben. Ein Patient wurde beschrieben als „nervös, manipulativ, religiös". Er sagte, er könne anderen nicht trauen, sei „grob, hypersexuell,

aggressiv". „Er zog Grimassen und tat so, als habe er Schmerzen."
Ein weiblicher Patient in Stadium II badete in ihrem Nachthemd, während sie schrie, weinte und jeden Gegenstand in Reichweite herumwarf und jeden bedrohte. Ein anderer Patient wurde als hypersexuell beschrieben, ständig redend und aufgedreht, mißtrauisch, wütend, obszön; er schlug mit einem Urinbecken gegen die Tür und wollte unbedingt Aktien kaufen.

In Stadium III sind die Patienten weiterhin extrem aktiv und beredt, aber was sie sagen ist bizarr und beruht auf Wahnvorstellungen. Sie verlieren das Gefühl für Raum und Zeit, sind verwirrt, wie im Delirium. Gegen Ende des manischen Anfalls gingen die Patienten über Stadtium II und I wieder auf einen Normalzustand zurück.

Einer meiner bipolaren Patienten, gewöhnlich ein ruhiger, reservierter und zaghafter Kaufhausangestellter, 25 Jahre alt, wurde mir von der Polizei gebracht, nachdem er fünf Autos, die er gekauft hatte, nicht bezahlen konnte. Außerdem hatte er sein Haus zum Verkauf angeboten und einen Vertrag für ein viel teureres Haus unterschrieben. („Warum soll ich in einem stinkenden kleinen Loch wohnen?") In einer nah gelegenen Stadt hatte er ein Taxiunternehmen gründen wollen, wofür er Gebrauchtwagen kaufte und hohe Bankkredite aushandelte. Schließlich griff ihn die Polizei auf, als er die Hauptstraße entlangging und Dollarnoten herumwarf, „um sein neues Taxiunternehmen bekanntzumachen".

Im dritten Stadium können die Patienten oft nicht mehr zusammenhängend reden, sondern geben Worte und Sätze von sich, die keinerlei Verbindung miteinander haben. Glücklicherweise reagieren die meisten auf Lithiumkarbonat. Aber sie scheinen keineswegs darauf erpicht zu sein, die Medikamente einzunehmen, meistens weil sie die Euphorie der Manie der Banalität des gewöhnlichen Lebens vorziehen.

Die Folgen eines „Hochs" können jedoch vernichtend sein. Mehr als einer meiner Patienten hat sich während einer seiner manischen Phasen mit einem Partner verheiratet, mit dem er wenig oder nichts gemein hatte. Das Ehedrama war unausweichlich.

Eine Frau aus Kalifornien, die manische Anfälle hatte, setzte ihr Lithium ab und entwickelte langsam Wahnvorstellungen, sie sei Jüdin (dabei war sie katholisch) und eine Geheimagentin des CIA, die an der Zerstörung eines internationalen Spionagenetzes beteiligt war. Sie entführte ihre beiden kleinen Kinder, über die ihr ehemaliger Gatte die Vormundschaft hatte, und versuchte, mit ihrem kleinen Wagen Kanada zu erreichen. Weil sie kein Geld hatte, bezahlte sie für Benzin, Unterkunft und Essen, indem sie männlichen Anhaltern ihre Liebesdienste anbot. Sie wurde schließlich von der Polizei verhaftet, nachdem sie einen Tumult in einer Kneipe verursacht hatte. Ihre Kinder wurden in Gewahrsam genommen und man versuchte, den Vater, Verwandte und Freunde der Mutter zu finden. Während sie auf einer geschlossenen psychiatrischen Station war, nahm sie mit der kanadischen Einwanderungsbehörde Kontakt auf und bat um politisches Asyl. Ihr Verhalten wechselte zwischen Freundlichkeit und furchtbarem Zorn.

Nachdem sie wieder mit Lithium behandelt wurde, kam die Persönlichkeit einer höflichen, sanften und vernünftigen Frau zum Vorschein, die über das, was sie getan hatte, entsetzt und traurig war. Ihr einziger Wunsch war, nach Hause zurückzukehren und dafür zu sorgen, daß ihre Kinder zu ihrem Mann gebracht wurden, wo sie sie regelmäßig besuchen konnte.

Die Euphorie der Krankheit kann auch eine tiefe Depression einleiten. Eine meiner Patientinnen, die die regelmäßige Einnahme von Lithium nicht vertragen kann, fällt regelmäßig in tiefe Verzweiflung. Vor drei Wochen schrieb ich: „Sie fühlt sich ‚wunderbar'. Sie kam gut gekleidet mit viel Make-up und einer hübschen Frisur ins Büro, ich vermute, daß eine tiefe Depression bevorsteht."

Ich konnte nichts tun, um das zu verhindern, außer die Familie zu warnen und die Patientin häufiger zu bestellen. Wenn ich ihr in Erwartung einer Depression antidepressive Medikamente gegeben hätte, hätte sich ihre Euphorie nur gesteigert. Jetzt ist sie im Tal der Verzweiflung, aus dem sie sich mit Hilfe von anti-depressiven Medikamenten mühsam nach oben kämpft.

Ein Trost besteht darin, daß die Zahl der Patienten, die an bipolarer Krankheit leiden, sehr viel geringer ist als die Zahl derer, die an unipolarer Depression leiden. Glücklicherweise können wir diese Leiden besser bekämpfen.

Aber wir müssen uns jetzt die Ursachen der Depression und Euphorie ansehen. Weil sich auf diesem Gebiet die verschiedenen Anschauungen stark unterscheiden, wollen wir uns in den nächsten beiden Kapiteln die gängigsten Erklärungen ansehen.

Teil III

Das Verstehen von Depressionen und Selbstmord

6. Theorien über die Depression

„Es soll nicht einer Wissen bringen, ein anderer Fleiß, ein anderer Religion, sondern jeder alles; und weil viele Bestandteile zu einem Rezept gehören, so sollen viele das Rezept aufstellen."

John Donne, Meditationen 1624

Ich habe bereits erwähnt, daß die verschiedenen Denkrichtungen auch verschiedene Anschauungen über die Ursachen und das Wesen der Depression vertreten. Ich habe auch erwähnt, daß es in vielen Universitäten eine neue und gesunde Tendenz zu interdisziplinarer Forschung gibt. Meiner Ansicht nach sind die beiden Artikel von Akiskal und McKinney bahnbrechende Versuche, die Isolierung und gegenseitige Rivalität verschiedener Denkrichtungen zu überwinden, und alle Anschauungen einer objektiven Untersuchung und weitreichender Forschung zu unterwerfen.

Akiskal und McKinney nahmen zehn der weitverbreitetsten Modelle der Depression unter die Lupe; d.h. zehn verschiedene theoretische Beschreibungen und Erklärungen der Depression.

Darüber hinaus untersuchten sie die Möglichkeit, erkennbare Anzeichen und Symptome zu finden, mit denen sich der Verlauf einer Depression beschreiben läßt, vor allem wenn es sich um eine Gruppe von Krankheiten handelt, deren Verlauf ziemlich gleich ist.

Aber zuerst wollen wir uns die zehn verschiedenen Modelle der Depression ansehen, die ich in fünf verschiedene Gruppen eingeteilt habe, und die Daten, auf die sie sich stützen.

Psychoanalytische Denkrichtung
Modell 1. Nach innen gerichtete Aggression
Modell 2. Objektverlust
Modell 3. Verlust der Selbstachtung
Modell 4. Negative Ausrichtung der Wahrnehmung

Denkrichtung des Behaviorismus
Modell 5. Erlernte Hilflosigkeit
Modell 6. Bestätigungsverlust

Soziologische Denkrichtung
Modell 7. Rollenverlust

Existentielle Denkrichtung
Modell 8. Sinnverlust

Biologische Denkrichtung
Modell 9. Beeinträchtigung biogener Amine
Modell 10. Neurophysiologische Fehlfunktion
Diese Liste wirkt sehr theoretisch und abschreckend. Ich möchte deshalb einige der Ausdrücke erklären und mich dabei mit den Ursachen der Depression befassen.

MODELL 1.: NACH INNEN GERICHTETE AGGRESSION (PSYCHOANALYTISCHE DENKRICHTUNG)

Die Psychoanalyse ist eine Bewegung, der sehr unterschiedliche Theorien angehören. Allen gemeinsam sind Ideen, die ursprünglich von Sigmund Freud verbreitet wurden. Nach Freud ist der menschliche Geist ein Energiesystem. In verschiedenen Bereichen, dem Bewußten und Unterbewußten, dem Es, Ich und Überich, finden Vorgänge statt, die miteinander in Beziehung stehen. Unsere bewußten Worte, Gedanken und Handlungen sind durch diese Beziehungen und Spannungen beeinflußt, obgleich wir uns dessen nicht immer bewußt sind.
Der erste Versuch, die Depression auf der Grundlage psychoanalytischer Anschauungen zu erklären (und der erste Versuch überhaupt, eine psychiatrische Erklärung der Depression zu finden), geht auf Karl Abraham und Sigmund Freud zurück. Abraham und Freud verstanden die Depression als gegen sich selbst gerichteten Zorn; Zorn, der eigentlich gegen jemand anderen gerichtet war, aber stattdessen nach innen gewandt und deshalb als retroflexive Wut bezeichnet wurde. In seinem Artikel aus dem Jahre 1916 „Trauer und Melancholie" versuchte Freud zwischen der Trauer oder dem Kummer, den wir bei dem Tod einer geliebten Person empfinden, und dem Gefühl, das er als *Melancholie* bezeichnet, zu unterscheiden. Wenn Freud von Melancholie spricht, bezeichnet er das, was ich *primäre Depression* genannt habe.

„Die unterscheidenden Merkmale der Melancholie", schrieb Freud, „bestehen in einer schmerzhaften Niedergeschlagenheit, einem völligen Mangel an Interesse an der Welt, in dem Verlust der Fähigkeit zu lieben, der Hemmung jeglicher Aktivität und der Abnahme des Selbstwertgefühls bis zum Grad von Selbstvorwürfen und Selbstbeschimpfungen und einer eingebildeten Erwartung von Bestrafung."

Freud vertrat die Meinung, daß die Melancholie eine kompliziertere Erklärung hatte als gewöhnlicher Kummer. Ein melancholischer Junge empfindet gegen seinen verstorbenen Vater Zorn, weil er ihn „verlassen" hat. Aber weil sein Überich Zorn gegen einen Verstorbenen nicht zuläßt, *identifiziert* sich der Junge mit seinem Vater und *introjeziert* ihn, d.h. er nimmt ihn in seine eigene Persönlichkeit auf, und der Vater wird somit zum Bestandteil der Psyche des Sohnes. Dieser Vorgang spielt sich ohne Bewußtsein des Jungen ab. Dadurch erklärt sich der nach innen gerichtete Zorn des Kindes. Freud stellte fest, daß viele Melancholiker zu Selbstvorwürfen und Selbstbeschimpfungen neigen. Die Selbstvorwürfe waren häufig gar nicht gerechtfertigt, und Freud meinte, sie seien in Wirklichkeit an eine andere Person gerichtet. „Die Frau, die laut Mitleid mit ihrem Mann bekundet, daß er an ein so armseliges Wesen wie sie selbst gebunden ist, klagt in Wirklichkeit ihren Mann an."

Ich habe die Freudsche Theorie vereinfacht dargestellt, aber es ist interessant, daß nach Freud mehr als eine psychologische Erklärung im Spiel war. Er stellte auch den täglichen Stimmungswechsel bei manchen depressiven Personen fest, die abends eine Erleichterung ihrer niedergeschlagenen Stimmung erleben. Er führte dies auf einen „somatischen Faktor" zurück, der „psychologisch nicht erklärbar" sei. Er spekulierte, daß die „Depression bei manchen Formen der Krankheit" teilweise direkt auf Giftstoffe zurückzuführen sei. Leider haben Psychoanalytiker jahrelang Freuds Andeutungen über die körperlichen Aspekte der Melancholie übersehen.

Abraham war nicht nur ein Theoretiker, sondern auch ein scharfer Beobachter. Seine Theorie der Melancholie ähnelte der von Freud so sehr, daß Freud ihn in „Trauer und Melancholie" zitierte. Abraham machte jedoch eine wichtige Beobachtung, die von Analytikern und Nichtanalytikern oft übersehen wird, nämlich daß der Verlust einer geliebten Person in der Kindheit Narben hinterläßt. Kinder, die ihre Eltern verlieren, werden im späteren Leben anfällig für Melancholie. Später werden wir uns mit der Frage der Anfälligkeit für Depression und ihre Beziehung zu Kindheitserlebnissen genauer beschäftigen.

Ich habe der psychoanalytischen Erklärung der Depression, dem nach innen gerichteten Zorn, soviel Raum gewidmet, weil sie immer noch weit verbreitet ist. Akiskal und McKinney schreiben hierzu: „Obwohl dies die am meisten zitierte psychologische Erklärung der Depression ist, gibt es wenige systematische Beweise, auf die sie sich stützen kann." Die Theorie, daß Freuds Vorstellungen nicht nur schwer zu beweisen sind, sondern auch keinen praktischen Wert haben, enthält vielleicht einen Kern der Wahrheit. Wir können nach dieser Theorie niemanden heilen. Die depressiven Personen, die nicht feindselig gestimmt sind, werden nicht dadurch gesund, daß man sie dazu anleitet, ihren Zorn nach außen zu richten. Manchmal haben Versuche in dieser Richtung katastrophale Folgen.

Aber ich muß das, was ich hier gesagt habe, etwas einschränken. Während der gegen sich selbst gerichtete Zorn keine Erklärung für den Ursprung depressiver Krankheit bietet, so kann er doch ohne Zweifel die niedergeschlagene Stimmung erklären, die manche von uns gelegentlich befällt. Wenn wir uns nach der Liebe oder Zustimmung bestimmter Personen sehnen, dann fällt es uns schwer, ihnen böse zu sein, ganz einfach weil wir den Verlust ihrer Anerkennung und Zustimmung befürchten. Wir wollen, daß sie uns weiterhin liebhaben. Ohne zu erkennen, was wir tun, richten wir unseren Zorn gegen uns selbst. In unserer Niedergeschlagenheit tadeln wir uns selbst für das, was geschehen ist. Es ist einfacher, uns selbst Vorwürfe zu machen, als der Person, deren Anerkennung wir brauchen. Aber ein solcher retroflexiver Zorn ist nicht so sehr eine Krankheit, sondern lediglich eine niedergeschlagene Stimmung, der mit Seelsorge und Psychotherapie geholfen werden kann.

MODELL 2: OBJEKTVERLUST (PSYCHOANALYTISCHE DENKRICHTUNG)

In der Psychoanalyse hat der Begriff *Objekt* eine spezielle Bedeutung. Er bezeichnet eine Person oder einen Gegenstand, zu dem das Subjekt eine emotionale Beziehung hat. *Objektverlust* kann sich deshalb auf den Tod eines Elternteils beziehen, auf den Verlust des Heims usw.

Von den vielen Angriffen auf die klassische psychoanalytische Theorie sind wenige von größerem Interesse gewesen und haben mehr zur analytischen Theorie beigetragen als die Affenexperimente von Harry Harlow. Die frühe analytische Theorie mit ihrer Betonung der Mutterliebe bei Säuglingen hatte ihre Aufmerksamkeit auf die Brust der Mutter gerichtet. Die Theorie postulierte, daß der Kontakt zwischen den Lippen des Säuglings und der Brust der Mutter für das Kind von entscheidender Bedeutung sei, weil damit das Gefühl der Mutterliebe vermittelt würde. Die emotionale Entwicklung des Kindes hinge von einem zufriedenstellenden Säugen ab, nicht nur in Hinblick auf die mechanischen Aspekte, sondern darin, daß die starken oralen Bedürfnisse des Säuglings befriedigt würden.

Die Experimente von Harlow zeigten dagegen ganz eindeutig, daß die Mutterbrust bei der emotionalen Entwicklung von Affensäuglingen keine große Rolle spielt. Harlow und seine Frau führten eine Reihe von Experimenten durch, die versuchten festzustellen, was „geliebt werden" für einen Affensäugling bedeutet. „Wir entdeckten", schrieb Harlow, „daß ein Affensäugling, der in einem Netzdrahtkäfig großgezogen wird, die ersten fünf Tage seines Lebens nur mit großen Schwierigkeiten überlebt. Wenn man in den Käfig einen Kegel aus Netzdraht stellt, geht es dem Säugling besser, und wenn der Kegel mit einem Tuch behangen wird, entwickeln sich stämmige, gesunde und glückliche Affenbabys." Harlow identifizierte Liebe mit „tröstendem Kontakt", dem Gefühl von etwas Weichem, auf das man sich stützen kann.

Er fing an, „Ersatzmütter" aus Netzdraht zu konstruieren. Einige der „Mütter" waren mit Tuch bedeckt, um ein weiches Gefühl zu vermitteln. Milchflaschen ersetzen die Mutterbrust. In manchen Käfigen befanden sich zwei „Mütter". Die eine war eine grobe Darstellung einer Affenmutter aus Netzdraht; darunter eine Glühbirne, um sanfte Wärme zu vermitteln und eine Milchflasche, von der sich der Säugling wie von der Mutterbrust ernähren konnte. In dem gleichen Käfig befand sich eine andere „Mutter", genauso wie die erste durch eine Glühbirne gewärmt, aber ohne „Brust" und mit einem Stück Tuch bedeckt. Harlow schreibt über die zweite Mutter: „Sie war eine weiche und zärtliche Mutter mit unendlicher Geduld, die vierundzwanzig Stunden am Tag zur Verfügung stand, die ihr Kind niemals tadelte oder es im Zorn schlug oder biß."

Das Arrangement war in jedem Käfig und bei jedem Experiment anders. Manchmal hatte die weiche, warme Mutter auch eine „Brust", so daß zwei Nahrungsquellen vorhanden waren. Aber ganz gleich, wie man die verschiedenen Bestandteile arrangierte, wurde deutlich, daß die tuchbedeckte Mutter für das kleine Äffchen die Quelle des Trostes und der Geborgenheit war, was sich darin äußerte, daß das Äffchen sehr viel mehr Zeit mit ihr verbrachte. Wenn sie keine „Brust" hatte, blieb das Äffchen solange bei der Drahtmutter, wie nötig, um genügend Nahrung aufzunehmen, und kehrte dann schnell zu der tuchbedeckten Mutter zurück. Oder wenn es abseits von beiden spielte, und durch einen plötzlichen Lärm erschreckt wurde, floh es unweigerlich zur tuchbedeckten Mutter, um dort Geborgenheit zu finden.

Wenn ihm keine Tuchmutter zu Verfügung stand, sondern nur eine Drahtmutter, gedieh es oft nicht richtig, wurde rastlos und furchtsam und konnte sterben.

Viele Jahre vor Harlows Experimenten interessierte sich ein Psychoanalytiker Namens René Spitz für das Auftreten von Depressionen bei Säuglingen, die in Waisenhäusern großgezogen werden. Etwa 15 % der Säuglinge in Waisenhäusern gediehen nicht richtig, wurden ratlos, gleichgültig, ängstlich und weinerlich. Sie zogen sich innerlich zurück, blieben in ihrer Entwicklung zurück, reagierten nicht auf äußere Reize, bewegten sich ausgesprochen langsam, sahen niedergeschlagen aus und entwickelten eine apathische Stumpfheit. Langsam hörten sie auf, Nahrung aufzunehmen, verloren an Gewicht und starben schließlich.

Wenn Spitz jedoch jemanden vom Personal des Waisenhauses finden konnte, der zu dem Säugling eine besondere Beziehung entwickelte, ihn an sich drückte, zur Nahrungsaufnahme ermunterte und sich regelmäßig eine Zeitlang ausschließlich mit ihm beschäftigte, mit ihm sprach, legte sich die Depression und der Säugling erholte sich. Aus den Untersuchungen von Harlow und Spitz ergeben sich anscheinend zwei Konsequenzen: Erstens ist der Kontakt zwischen Mutter und Säugling von großer Bedeutung für das Wohl und sogar das Leben des Säuglings; und zweitens gehört zu dem Kontakt viel mehr als nur das Säugen; das Säugen an sich ist relativ unbedeutend.

Die Experimente Harlows zeigten noch etwas anderes. Wenn eine Gruppe von Affensäuglingen von ihren wahren Müttern getrennt wurden und in einem Käfig mit tuchbedeckten „Müttern" gehalten wurden, entwickelten sie sich weiterhin normal – bis ihre tuchbedeckte Mutter weggenommen wurde. Wenn das geschah, klammerten sich die kleinen Äffchen lange Zeit aneinander. Solange das noch möglich war, ging alles gut. Aber wenn sie voneinander getrennt wurden, stellten sich die Symptome ein, die schließlich zum Tod führten. „Man kann daraus schließen", schreiben Akiskal und McKinney, „daß der Zerbruch einer solchen Säugling-Mutter-Bindung oder Säugling-Säugling-Bindung das Auftreten der Psychopathologie des ‚depressiven' Typs stark fördert."

DAS BRECHEN DER LIEBESBINDUNG

Während der vergangenen fünfundzwanzig Jahre ist viel geschrieben worden über solche Bindungen, die wir als Liebesbindungen bezeichnen können und die schlimmen Folgen ihrer Störung, wozu auch die Depression zählt. Wie Harlow und andere entdeckten, erwies sich die „Störung der Bindungen" nicht nur zu dem gegebenen Zeitpunkt als katastrophal, sondern führte auch zu Schwierigkeiten im späteren Leben. Psychoanalytiker irrten sich vielleicht in mancher Hinsicht, welche Erlebnisse in der Kindheit nun genau zu welchen Folgen in der späteren Entwicklung führten, aber sie hatten mit ihrer Annahme recht, daß Kindheitserlebnisse für die Zukunft von entscheidender Bedeutung sind. Kummer in der Kindheit führt später oft zu einer Anfälligkeit zur Depression.

Das Wort *Bindung* bezieht sich auf unsere menschliche Fähigkeit, starke Liebesverbindungen mit anderen Menschen, seien es Eltern, Kinder, Freunde oder Ehepartner, einzugehen. Es handelt sich um den Vorgang, durch den ein emotionales Band entsteht. Wenn wir Ausdrücke gebrauchen wie „Das Baby bedeutet ihr alles", oder „die beiden haben eine wirklich enge Beziehung", dann meinen wir eine solche Liebesbindung. Wir brauchen hier nicht näher darauf einzugehen, wie diese Bindungen entstehen und welche Rolle der körperliche Kontakt, das Sehen, Riechen und Hören spielen. Vom Standpunkt der Depression her interessieren wir uns mehr dafür, was geschieht, wenn die Bindungen zerrissen werden, und für die seelischen Wunden, die die Störung dieser Bindungen unmittelbar oder auch Jahre später verursacht.

Zu den sofortigen Auswirkungen gehören Angst, Zorn und Depression. Auch kann die Entwicklung der Persönlichkeit durch zu früh gebrochene Bindungen tiefgreifend beeinflußt werden. Eine der Langzeitfolgen ist eine höhere Anfälligkeit zur Depression.

Eine Reihe von Untersuchungen stellen Depression bei Erwachsenen mit dem Verlust eines Elternteils vor dem zehnten Lebensjahr in Beziehung. Der Verlust einer geliebten Person kann einen Menschen später für depressive Krankheit anfällig machen.

Zwei vor kurzem veröffentlichte Untersuchungen aus London haben diese Ergebnisse bestätigt und weitergeführt. In den verschiedenen Gruppen der untersuchten Frauen wurde die Anfälligkeit zur Depression mit Folgendem in Verbindung gebracht:
1) der Verlust der Mutter vor dem elften Lebensjahr;
2) die Gegenwart von drei oder mehr Kindern unter vierzehn;
3) das Fehlen eines Vertrauensverhältnisses zu dem Gatten;
4) keine Berufstätigkeit.

Die gleiche Untersuchung versucht das Verhältnis zwischen dem Erlebnis des Kummers in der Kindheit und späterer Depression genauer zu klären. Der Verlust des Vaters, des Bruders oder der Schwester vor dem siebzehnten Lebensjahr schien später im Leben nicht zu Depression zu führen; wenn die betroffene Person zwischen elf und siebzehn Jahre alt war, schien auch der Verlust der Mutter keine besonderen Folgen zu haben. Aber der Verlust einer Mutter vor dem elften Jahr schien tatsächlich die Anfälligkeit zur Depression im späteren Leben zu erhöhen. Wenn der Verlust der Mutter durch den Tod erfolgte, konnte die Depression psychotische Ausmaße erreichen.

In einer anderen Untersuchung wurden 216 depressive Patienten mit zwei Gruppen nicht-depressiver Personen ähnlichen Alters und ähnlicher Lebenslage verglichen. Von den depressiven Patienten hatten 41 % in der Kindheit eine geliebte Person verloren, während das bei den beiden Kontrollgruppen nur bei 16 % bzw. 12 % der Fall war. Ein Verlusterlebnis in der Kindheit führt also nicht unbedingt zur Depression im Erwachsenenalter, es kann aber einen großen Einfluß haben.

Bei näherer Betrachtung der Statistiken, die dieser Untersuchung zugrundeliegen, stellte man eine direkte Beziehung zwischen dem Alter, in dem sich das Erlebnis des Kummers ereignete, und der Anzahl der Patienten fest. Die meisten der depressiven Patienten erlebten den Verlust einer geliebten Person während der ersten vier Lebensjahre, eine kleine Zahl zwischen fünf und neun Jahren und die geringste Zahl zwischen zehn und vierzehn.

Alle von uns erleben eine Zeit des Kummers und der Trauer, wenn eine geliebte Person stirbt. Dieser Vorgang ist normal und bedarf keiner Behandlung. Er dauert gewöhnlich nur zwei oder drei Monate, wenn wir gesund sind und von unserer Familie und von Freunden unterstützt werden. Nur wenn uns die Trauer zu allem anderen unfähig macht und ungewöhnlich lange anhält, müssen wir uns der Möglichkeit bewußt werden, daß wir nicht mehr mit einem normalen Phänomen, sondern mit einer Krankheit zu tun haben. Die besondere Anfälligkeit kann sich durch ein Erlebnis des Kummers in der Kindheit oder auf andere Weise ergeben haben. Aber bei manchen Personen besteht ganz eindeutig die Anfälligkeit zur Depression.

Ein Forscher untersuchte die Krankheitsgeschichte von 3 245 psychiatrischen Patienten mit unterschiedlichen Diagnosen und entdeckte, daß diejenigen, deren Krankheit innerhalb von sechs Monaten nach dem Tod eines Elternteils, Ehepartners, Bruders, einer Schwester oder eines Kindes angefangen hatte, alle mit einem hohen Risiko affektiver (depressiver) Krankheit behaftet waren. Der Kummer löste eine Krankheit aus, für die sie bereits anfällig waren. Der Verlust einer geliebten Person kann, wie bereits 1958 nachgewiesen wurde, nicht nur eine depressive Krankheit, sondern auch eine Reihe körperlicher Leiden auslösen.

MODELL 3: VERLUST DER SELBSTACHTUNG (PSYCHOANALYTISCHE DENKRICHTUNG)

Bis jetzt haben wir zwei Modelle der Depression kennengelernt, die von psychoanalytischen Theoretikern aufgestellt worden sind und von denen es für das eine (retroflexiver Zorn) sehr wenig Beweismaterial gibt, während das andere (Objektverlust) sehr gut durch Untersuchungen gestützt wird.

Das dritte Modell stammt von dem Psychoanalytiker Bibring. Die frühe Psychoanalyse beschäftigte sich hauptsächlich mit dem, was wir heute als Es-Psychologie bezeichnen. Hier ging es vor allem um unbewußte und instinktmäßige Triebe. In den letzten Jahren hat sich das Interesse der Psychologen von der Es-Psychologie auf sogenannte Ich-Zustände verschoben. Der Ichzustand ergibt sich aus der Art und Weise, in der eine Person mit der Wirklichkeit fertig wird. Bibring war vielleicht der erste analytische Denker, der die Depression als einen Ichzustand erklärte, unabhängig von aggressiven Trieben. Er postulierte, daß der kritische Faktor bei der Depression die Hilflosigkeit war, Hilflosigkeit bei dem Erreichen der eigenen Ziele. Um das alles vom analytischen Standpunkt her auszudrücken: das Ich (der bewußte Teil von uns, der die Entscheidungen trifft) erleidet eine narzißtische Verletzung und bricht zusammen, wenn es erkennt, daß seine Ideale (Ich-Ideale) unerreichbar sind. Dieses Ichideal kann z.B. der Wunsch sein, geliebt zu werden, oder eine gute (heilige) Person zu sein, sicher oder stark zu sein.

Einfach ausgedrückt: Wir verlieren unsere Selbstachtung, wenn wir unsere eigene Vorstellung von dem, was gut und richtig ist, nicht erfüllen können. Wir werden durch den Kontrast zwischen dem, was wir sein wollen, und dem, was wir sind (durch das, was wir tun wollen, und dem, was wir erreichen) äußerst entmutigt. Christen werden dieses Dilemma gut verstehen. „Wir elenden Menschen! Wer wird uns erlösen von dem Leibe dieses Todes?" fragt Paulus.

Bibring bietet jedoch eine andere Lösung als Paulus. Bei ihm liegt der Schwerpunkt auch anders. Das zentrale Dilemma für Bibring ist nicht, daß uns die Unfähigkeit, unsere Ziele zu erreichen, schmerzt, sondern daß sie einer ernsten Depression zugrundeliegt. Hat er recht?

Und wieder ähnelt dieses Problem dem mit der Henne und dem Ei. Obwohl sich viele depressive Personen der Lücke zwischen ihren Zielen und ihrer Fähigkeit, sie zu erreichen, bewußt sind, bleibt die Frage: Ist diese Lücke Ursache oder Ergebnis ihrer Depression? Hat die Depression alles so gestört, daß der Patient nicht einmal mehr einfache Aufgaben erfüllen kann?

Wir wissen zum Beispiel, daß ein stark übertriebenes Schuldbewußtsein ein Merkmal mancher Depressionen ist. Dieses unrealistische Schuldbewußtsein verschwindet, wenn sich die Depression auflöst. In diesem Fall ist die Schuld ein Korrelat der Depression, d.h. sie kommt und geht mit der Depression. Wir wissen auch, daß Versuche, das Schuldbewußtsein zu ändern, in den meisten Fällen völlig wirkungslos sind und (anders als in dem Beispiel im ersten Kapitel) nichts zur Erleichterung der Depression beitragen. Ist es denkbar, daß die „Hilflosigkeit", von der Bibring spricht, mit dem Schuldbewußtsein zu vergleichen ist, das lediglich eine Depression begleitet wie Blüten den Frühling? Diese Frage ist von großer Bedeutung. Wenn die Hilflosigkeit eine Begleiterscheinung der Krankheit ist, dann müssen wir der Person helfen, ihre Ziele zu erreichen. Ich glaube, daß Bibrings Anschauung an dem Kern des Problems vorbeigeht. Er beschreibt nicht eine Ursache, sondern ein Symptom der depressiven Krankheit. Ich glaube, daß die Hilflosigkeit nur eine der vielen Folgen depressiver Krankheit ist.

Vor etwa einem Monat wurde ein junger Mann dazu überredet, in meine Sprechstunde zu kommen, der an einer schweren Depression zu leiden schien. Er beschwerte sich über Gewichtsverlust, Müdigkeit, Konzentrationsunfähigkeit und mehrere andere depressiven Symptome, die bereits über ein Jahr lang aufgetreten waren. Er war jedoch davon überzeugt, daß es sich um ein rein geistliches Problem handelte. „Ich weiß, daß ich offene und herzliche Beziehungen zu anderen haben sollte, aber ich versage ständig", erklärte er mir. „Ich liebe andere Menschen nicht. Ich liebe nur mich selbst. Ich erlebe ständig nur Niederlagen." Er akzeptierte die Möglichkeit, daß sein Geisteszustand auf einer körperlichen Krankheit beruhen könnte und daß man es vielleicht eine Zeitlang mit antidepressiven Medikamenten versuchen sollte. Aber er bat sich etwas Zeit aus, um darüber nachzudenken. Schließlich weigerte er sich, Medikamente einzunehmen, weil er davon überzeugt war, daß es sich um ein geistliches Problem handelte. Doch die Bibelschule, die er besuchte, bestand auf einer Behandlung, wenn er seine Studien fortsetzen wollte. Zögernd willigte er ein und staunte zwei Monate später über seine Konzentrationsfähigkeit, seine größere Energie und seine wachsende Fähigkeit, mit anderen Menschen Beziehungen anzuknüpfen. In seinem Fall war die Hilflosigkeit ein Symptom der Depression.

MODELL 4: NEGATIVE AUSRICHTUNG DER WAHRNEHMUNG (PSYCHOANALYTISCHE DENKRICHTUNG)

Das Modell von Aaron T. Beck und Albert Ellis, das Hoffnungslosigkeit als die Wurzel der Depression ansieht, ist sehr viel besser dokumentiert. Beck interpretiert die Depression als negative Ausrichtung der Wahrnehmung. Seine Anschauung von der Depression ist weit von der Es-Psychologie entfernt und betont Erkenntnis (bewußtes Denken). Aus diesem Grunde klingt sie für Christen attraktiv.

Die Theorie ist deshalb interessant, weil er sich nicht nur auf experimentelle Daten stützen kann, sondern auch auf die Verhaltensforschung bei Tieren. Für Beck besteht die Depression aus einem „veränderten kognitiven Stil" (d.h. grob ausgedrückt: in veränderten Denkgewohnheiten) mit einer „kognitiven Triade", die aus

1. einem negativen Selbstbild
2. negativen Interpretationen der eigenen Erlebnisse und
3. einer negativen Sicht der Zukunft besteht.

Diese Triade ist mit der Hoffnungslosigkeit verbunden, die für Beck der Schlüssel zum Verständnis der Depression ist, genauso wie Hilflosigkeit der Schlüssel für Bibring war. Wir können deshalb die gleiche kritische Frage stellen wie bei Bibring, ob nämlich ein negatives Bild der eigenen Persönlichkeit, der Erlebnisse und der Zukunft nicht eher Folgen als Ursachen der Depression sind.

Beck und seine Kollegen haben jedoch versucht, den „kognitiven Stil" depressiver Patienten durch Psychotherapie zu ändern. Wenn die „kognitive Triade" lediglich eine Begleiterscheinung der Depression ist, dann ist es schwer einzusehen, wie sich eine Depression bessern kann, wenn die „Triade" durch Psychotherapie verändert wird. Und genau das behaupten Beck und seine Mitarbeiter.

Becks Anschauungen haben sich im Laufe der Jahre etwas gemäßigt. Anfänglich wollte er anscheinend den Wert antidepressiver Medikamente überhaupt nicht anerkennen. Obwohl er jetzt immer noch die Überlegenheit kognitiver Verhaltenstherapie vertritt, ist er eher bereit, anzuerkennen, daß antidepressive Medikamente auch ihren Platz haben.

Becks Forschungen müssen ernstgenommen werden, und wir werden sie in Kapitel 10 genauer besprechen, wenn wir uns mit verschiedenen Methoden der Psychotherapie befassen. Man muß jedoch sagen, daß im Vergleich zu der überwältigenden Zahl von Untersuchungen, die die Wirksamkeit antidepressiver Medikamente dokumentieren, das Beweismaterial, auf das Beck sich stützt, recht dürftig ist. Die ideale Behandlungsmethode der

Zukunft wird vielleicht eines Tages aus einer Kombination von Medikamenten- und Psychotherapie bestehen. Mittlerweile versucht man mit großangelegten Untersuchungen an einer Reihe von akademischen Schulen die relative Wirksamkeit der beiden verschiedenen Behandlungsmethoden zu prüfen.

Ich glaube, daß Beck zwar ein Kernsymptom der Depression erkannt hat und (um zum dritten Kapitel zurückzukehren) Funktion durchaus den Körper beeinflußen kann, aber die Erfahrung zeigt, daß die kognitive Therapie manchmal sehr wirksam, oft jedoch eine teure Zeitverschwendung ist.

MODELLE 5-7: SOZIOLOGISCHE UND BEHAVIORISTISCHE DENKRICHTUNG

Die Behaviorismus erklärt das menschliche Verhalten auf der Basis von Bestätigung (oder Belohnung) und negativer Konditionierung (oder Bestrafung). Die Theoretiker des Behaviorismus interessieren sich nicht für innerpsychische Vorgänge (was im Kopf vorgeht), sondern sie konzentrieren sich auf das beobachtbare Verhalten und die vorausgehenden Ereignisse. Das Verhalten, das belohnt wird, wiederholt sich. Wenn Sie einen Zirkus besuchen, werden Sie feststellen, daß der Dompteur, dem Tier nach jedem Kunststück etwas ins Maul schiebt oder es sonst irgendwie belohnt. Das Verhalten des Tieres wurde antrainiert, indem der Mensch ein bestimmtes Verhalten, das er fördern wollte, belohnte. Behavioristen halten Strafe allgemeinhin für weniger wirksam als Belohnung, doch auch sie hat ihren Platz. Bestrafung heißt für Behavioristen: ein unangenehmes Erlebnis unmittelbar nach einer bestimmten Verhaltensweise erzeugen.

Das erinnert mich lebhaft an die Dusche in einer Badewanne eines Hauses, in dem wir eine Zeitlang wohnten. Mit einem kleinen Hebel konnte man den Wasserfluß von dem Wasserhahn auf die Dusche umschalten. Gewöhnlich handelte ich nach dem Prinzip, daß Wasser zuerst aus dem Wasserhahn laufen zu lassen, bis es warm genug war, bevor ich den Hebel auf „Dusche" umstellte. Mehrere Male hintereinander jedoch geschah es, daß als ich den Wasserhahn aufdrehte, und kaltes Wasser auf meinen Kopf und meine Schultern rieselte. Jemand hatte den Heben auf „Dusche" gestellt und nicht wieder zurückgedreht. Das Ergebnis meiner „Bestrafung" war, daß ich jedesmal sehr nervös wurde bei dem Gedanken, den Wasserhahn aufzudrehen. Wenn ich mich nach vorn beugte, um den Hahn aufzudrehen, krümmte ich mich instinktiv zusammen. Selbst wenn ich mir sicher war, daß der Hebel richtig eingestellt war, mußte ich mich immer noch dazu zwingen, die Bewegung auszuführen. Mein Fehler hatte zu einer negativen Konditionierung geführt und mich dahingehend trainiert, das Berühren des Wasserhahns zu vermeiden.

Behavioristische und soziologische Anschauungen haben vieles gemeinsam. Wenn die Gesellschaft depressives Verhalten (traurige Blicke, schmerzverzogener Gesichtsausdruck) durch Sympathie belohnt, dann wird das depressive Verhalten gestärkt. (Manche von uns wenden instinktiv ein behavioristisches Modell an, wenn wir über ein trotziges Kind reden: „Beachte ihn überhaupt nicht. Er wird damit schon fertigwerden.")

Aber Soziologen vertreten noch andere Theorien der Depression, die mehr mit der Ichpsychologie zu tun haben. Becker versteht die Depression als Folge des Verlusts symbolischer Besitztümer (Macht, Prestige, Identität usw.)

Weissmann und Klerman haben vielleicht die interessantesten soziologischen Beobachtungen angestellt. 1977 veröffentlichten sie eine Analyse von 37 Erhebungen und Umfragen zur Depression. Sie interessierten sich insbesondere für die Frage, warum Frauen mehr an Depression leiden als Männer.

Genaue Zahlen sind schwer zu ermitteln, aber manche Fachleute behaupten, daß einem depressiven Mann zwei depressive Frauen gegenüberstehen. Eine der traditionellen Erklärungen dafür ist, daß Männer sich dem Alkohol zuwenden, während Frauen der Depression verfallen. Weissmann und Klerman kommen in ihrer detaillierten und sorgfältigen Analyse zu dem Schluß, daß der Unterschied zwischen männlicher und weiblicher Depression ein reales Phänomen ist und nicht auf einem Fehler in den Forschungsmethoden beruht. Sie diskutieren Fragen der Genetik (mit denen wir uns später befassen werden), des Alkoholismus bei Männern, der Edokrinie und kommen zu dem Schluß, „daß die Ehe für den Mann schützend wirkt, auf Frauen jedoch oft negative Auswirkungen hat. Elemente der traditionellen Rolle der Frau tragen demnach zur Depression bei."

BELOHNUNG UND BESTRAFUNG

Bevor wir uns näher mit behavioristischen Modellen befassen, müssen wir uns die Neurophsyiologie und Neuroanatomie der Depression ansehen. An anderer Stelle habe ich die Experimente beschrieben, die von James Olds an Ratten durchgeführt wurden. Auch wenn die Physiologie des Gehirns wesentlich komplizierter ist als Olds Arbeit es nahelegt und wir bei der Übertragung von Tierversuchsergebnissen auf den Menschen vorsichtig sein müssen, so kommt er dennoch zu einem Modell für das Verständnis des Verhaltens. Olds hatte Elektroden in das Gehirn einer Ratte eingepflanzt und entdeckte zufällig, daß die Ratte großes Vergnügen zu empfinden schien, wenn die Elektrode stimuliert wurde (d.h. wenn ein winziger elektrischer Impuls von der Spitze der Elektrode ausging). Durch das Drücken eines Hebels in ihrem Käfig konnte sich die Ratte selbst stimulieren, und sie drückte den Hebel immer wieder, bis sie erschöpft zusammenbrach.

Olds tötete die Ratte und entdeckte, daß sich die Spitze der Elektrode in einem Bereich des Gehirns unmittelbar vor dem Hypothalamus befand. Er wiederholte das Experiment mit anderen Ratten und stellte fest, daß manche sich bis zu 3000 Mal pro Stunde stimulierten, bis sie schließlich erschöpft einschliefen.

In der hinteren Region des Hypothalamus befand sich ein Nervenzentrum mit ganz anderen Eigenschaften als in der vorderen Region. Während die Vorderregion ein Belohnungszentrum war und die Ratte sich durch das Drücken des Hebels Vergnügen bereitete, hatte die Stimulierung durch Elektroden weiter hinten eine ganz andere Wirkung. Für eine Ratte war eine solche Stimulierung höchst unangenehm, so unangenehm, daß sie den Hebel nicht mehr berührte. Wenn Olds grausam die Stimulation fortsetzte, verweigerte die Ratte ihre Nahrung, verlor an Gewicht und starb schließlich. Die Stimulierung des Bestrafungszentrums im Rattengehirn führte zu depressionsartigen Erscheinungen.

Wenn jedoch zwei Elektroden eingepflanzt worden waren, eine im Bestrafungszentrum und die andere im Belohnungszentrum, konnte die Stimulierung des Belohnungszentrums den Vorgang, der zu Depression und Tod führte, umkehren und ihn mit einem Vorgang ersetzen, der zu Freude und Leben führte.

Ähnliche Experimente, von denen manche vom ethischen Standpunkt höchst zweifelhaft waren, sind an Menschen ausgeführt worden. Personen, die in dem Belohnungszentrum ihres Gehirns stimuliert wurden, können das Gefühl, das sie erlebt haben, nur schwer beschreiben, aber alle stimmen überein, daß das Erlebnis wunderbar und ekstatisch ist. Die Stimulierung des Bestrafungszentrums ist im Gegensatz dazu unbeschreiblich unangenehm, löst Furcht und Schrecken aus. Die beiden Systeme gleichen sich anscheinend gegenseitig aus und das Gleichgewicht des Einflusses der beiden bestimmt unser Lebensgefühl.

Nervensysteme ähneln elektrischen Systemen (obwohl sie unendlich komplizierter sind). Manche Psychologen bezeichnen das Lustzentrum als das Startsystem, weil seine Vorherrschaft entschiedenes Handeln und das Lösen von Problemen zu fördern scheint. Das Bestrafungszentrum wird als Stoppsystem bezeichnet, weil seine Vorherrschaft zur Untätigkeit führt. Die beiden Systeme sind so fein ausgeglichen, daß bei den meisten von uns der Wunsch zum Handeln durch einen Instinkt zur Vorsicht gedämpft wird.

Interessanterweise funktioniert jedes System auf der Grundlage einer anderen elektrochemischen Mischung. Die Funktion des Startsystems hängt von dem Stoff Noradrenalin ab, das Stoppsystem wird durch eine chemische Substanz namens Acetylcholin bestimmt.

ERLERNTE HILFLOSIGKEIT

Wenden wir uns jetzt einer Reihe von sehr interessanten Experimenten zu, die von dem Behavioristen Seligman an der Universität von Pennsylvania durchgeführt wurde. Seligman experimentierte mit Hunden. Stellen Sie sich einen eingezäunten Bereich vor, der durch eine Barriere in zwei Hälften geteilt ist; die Barriere ist niedrig genug, so daß ein Hund von einem Teil zum andern springen kann. Der Boden der einen Hälfte ist mit elektrischem Draht bedeckt.

Wenn der Draht an den Strom angeschlossen wird, springt der Hund über die Barriere in die sichere Hälfte. Ganz gleich wie oft man ihn auf den geladenen Draht stellt, er springt jedes Mal in Sicherheit, und das Experiment hat keine nachteiligen Folgen für ihn. Seligman band daraufhin einige Hunde fest, so daß es ihnen nicht mehr möglich war, den Elektroschocks zu entfliehen. Unter diesen Umständen zeigten sich bei den Hunden schädliche Folgen. Sie verloren an Gewicht und wurden nervös und offensichtlich krank. Wenn sie dann wieder losgebunden wurden, unternahmen sie keinen Versuch, bei Elektroschocks über die Barriere zu springen. Stattdessen blieben sie passiv und erduldeten alle Schocks, die ihnen verabreicht wurden. Dabei verloren sie weiter an Gewicht und ihre gesamte Verfassung wurde zunehmend schlechter.

Einfach ausgedrückt, die Hunde hatten gelernt, daß es zwecklos war zu versuchen, unangenehmen Erlebnissen zu entfliehen. Sie konnten nichts tun. Sie waren völlig *hilflos* und *hoffnungslos*. Trotzdem waren sie immer noch zum Lernen fähig. Wenn die Forscher sie immer wieder über die Barriere in den „sicheren" Bereich hoben, lernten die Hunde schließlich, daß die Schocks vermeidbar waren. Auf Grund dieser neuerlernten Fähigkeit sprangen sie dann auch selbständig über die Barriere. Langsam nahm ihr Gewicht wieder zu, ihre Nervosität und Depression legte sich, und sie wurden wieder zu normalen Hunden.

Vielleicht sind wir jetzt in der Lage, einige Puzzleteile der Depression zusammenzufügen. Nehmen wir einmal an, daß die Hunde das erlernt hatten, was Bibring als Hilflosigkeit und Beck als Hoffnungslosigkeit bezeichnete. Dann können wir vermuten, daß das „Lernen" das elektrochemische System im Gehirn der Hunde durcheinandergebracht hatte, was zu einer Verschiebung des Gleichgewichts zwischen dem Belohnungs- und dem Bestrafungszentrum bzw. dem Start- und dem Stoppsystem führte. Wenn das richtig ist, dann ließe sich der Zustand der „depressiven" Hunde dadurch ändern, daß man entweder die Chemie ihres Gehirns beeinflußt oder ihnen beibringt, daß sie der Verzweiflung entrinnen können.

Dabei bleiben noch manche Fragen offen, denn Tierexperimente lassen sich nicht immer auf das menschliche Verhalten übertragen. Wenn die menschliche Depression als *erlernte Hilflosigkeit* oder *erlernte Hoffnungslosigkeit* angesehen wird, können Menschen wie Hunde umlernen. Können wir lernen, konkrete Schritte zu unternehmen, um unsere Verzweiflung zu überwinden? Beck und Bibring würden das bejahen. Ich vermute jedoch, daß die Antwort in manchen Fällen ja, in anderen jedoch (besonders bei schweren Depressionserscheinungen) nein ist.

Seligmans Forschungen sind von anderen Fachleuten kritisiert worden. In einem fundiert ausgearbeiteten Artikel warnte z.B. Vicky Riperre davor, die auf Erforschung von Tierverhalten beruhenden Modelle auf den Menschen zu übertragen, und stellte die Frage, ob Depression bei Hunden das gleiche ist wie bei Menschen. Zudem kritisiert sie das Verhaltensmodell von Seligmann vom theoretischen Standpunkt her. Seligmans Experimente bleiben jedoch trotz allem einleuchtend. Gibt es hier doch eine Parallele zwischen Menschen und Hunden? Können Menschen „lernen", ihre Depression loszuwerden, indem man ihnen zwangsweise die Lösungen zu ihren Problemen zeigt? Das letzte Wort hierüber ist noch nicht gesprochen.

Auch die Frage der Freiheit und des freien Willens muß hier angesprochen werden. Sind wir die Opfer chemischer Vorgänge in unserem Körper? Verlieren wir bei einem gestörten Gleichgewicht zwischen dem adrenalin- und cholingesteuerten System unsere Freiheit? Alle Theorien, die ich bisher erwähnt habe, sind im Grunde genommen deterministisch. Auch wenn sie der Wahrheit nahekommen, wie können wir sie mit dem biblischen Menschenbild vereinbaren?

Die Freiheit läßt sich nicht als etwas Absolutes darstellen, sondern wir können lediglich von verschiedenen Graden der Freiheit sprechen. Freiheit gehört zur körperlichen und seelischen Gesundheit. Auch das Evangelium wird uns zur Freiheit führen. Je kränker wir sind (sei es körperlich oder seelisch), desto begrenzter ist unsere Freiheit. Gesundung bedeutet deshalb die Wiederherstellung von Freiheit. Oder, um es anhand von Begriffen auszudrücken, die ich in einem anderen Kapitel entwickelt habe, eine körperliche Schädigung der Gesundheit führt zu einer Beeinträchtigung der Funktion des Körpers (d.h. des Geistes). Und beeinträchtigte Funktion kann zur Beschränkung der körperlichen Freiheit führen. Menschen, deren Depression sie ihrer Freiheit beraubt, muß mit allen ethisch vertretbaren Methoden, die uns zur Verfügung stehen, geholfen werden. Die körperliche Freiheit einer Person kann ich wiederherstellen, indem ich einen gebrochenen Oberschenkel behandle; ebenso scheint es mir nicht falsch zu sein, verlorengegangene Freiheit wiederherzustellen, indem ich die gestörte Gehirnchemie wieder ins Gleichgewicht bringe.

Bevor wir das Thema Gehirnphysiologie verlassen, sollten wir darauf hinweisen, daß es noch bessere Methoden zur Untersuchung des Gehirns gibt. Dazu gehört PET (Positronen-Emissions-Tomographie), eine Weiterentwicklung der CT (Computer-Tomographie). Mit Hilfe dieser Methoden können drei-dimensionale Bilder konstruiert werden, die den Blutfluß der verschiedenen Gehirnzentren sowie den Metabolismus der Neurotransmitter (siehe nächstes Kapitel) kennzeichnen. Untersuchungen von Schizophrenie und affektiver Krankheit anhand von PET verheißen eine Klärung des Gehirnmetabolismus dieser Krankheiten.

Es bleibt noch die interessante Frage der sogenannten zirkadianen Rhythmen der Depression. Zirkadiane Rhythmen entstehen durch die biologische Uhr in unserem Gehirn, die die Zeit des Schlafens und Wachseins reguliert, sowie den Körper auf jede Phase des 24-Stunden-Zyklus vorbereitet. Der Stoffwechsel des Körpers hängt von den Anforderungen ab, die zu bestimmten Zeiten an den Körper gestellt werden. Unsere Temperatur und die Ausscheidung vieler Körperhormone variiert. Wenn die Depression *nur* ein psychologisches Phänomen ist, dann ist es doch seltsam, daß bei affektiver Krankheit die biologische Uhr, die den zirkadianen Rhythmus kontrolliert, um ein bis drei Stunden von der Norm abweicht.

MODELL 8: SINNVERLUST (EXISTENTIELLE DENKRICHTUNG)

Existenzanalytiker sehen allgemeinhin Angst und Depression als Ergebnis der Sinnlosigkeit des Lebens an. Später werden wir uns mit der Frage des Selbstmords und der bekannten Feststellung von Camus, daß der Selbstmord das einzige philosophische Problem sei, beschäftigen. Christen sind jedoch mehr mit den Schriften von Victor Frankl vertraut. Victor Frankl, ein jüdischer Psychoanalytiker, war während des zweiten Weltkriegs in einem Konzentrationslager. Über seine Erlebnisse berichtet er in dem Buch *Die Suche des Menschen nach einem Sinn.* Das Problem, über das er nachdachte, war folgendes: Warum warfen sich manche der Gefangenen gegen den elektrischen Stacheldraht in dem Wissen, daß ihr Leben in einem Hagel von Maschinengewehrfeuer enden würde, während andere alles geduldig ertrugen und irgendwie den Willen zum Leben fanden? So entwickelte Frankl allmählich seine Theorie des menschlichen Triebs, einen Sinn im Leben zu finden.

Frankl vertritt die Ansicht, daß es zusätzlich zu Freuds Trieben nach Liebe (Eros), Agression und Tod (Thanatos) einen menschlichen Trieb gibt, den Sinn des Daseins zu finden. Er zitiert dazu

Nietzsche, der behauptete, daß der Mensch jedes Leiden auf sich nehmen kann, wenn er nur das Warum seines Daseins versteht. Für Frankl selbst bestand der Sinn seines Lebens in einem geplanten Buch über Psychiatrie. Er mußte überleben, damit er sein Werk vollenden und der Welt hinterlassen konnte.

Frankl gebrauchte den Ausdruck *noogenische Neurose,* womit er die Neurose der Nachkriegswelt bezeichnete – eine weitverbreitete neurotische Depression, die aus der Sinnlosigkeit des Lebens erwächst. Allmählich entwickelte er sein System der Logotherapie, die darauf beruht, daß er mit jedem seiner Patienten nach dem Sinn seiner persönlichen Existenz suchte, in der Überzeugung, daß die Patienten jeden Schmerz und jede Schwierigkeit des Lebens erdulden können, wenn es ihnen gelingt, den Grund ihrer Existenz zu entdecken.

Christen werden beim Lesen von Frankls Schriften erfreut und enttäuscht zugleich sein. Sein Verständnis der fundamentalen Tatsache, daß wir wissen müssen, warum wir leben, ist einfach wunderbar. Leider weicht er jedoch der grundlegenden Frage bezüglich der wahren Bedeutung der menschlichen Existenz aus und beschränkt sich auf den Sinn des Lebens, den jede einzelne Person für sich selbst konstruiert. Einer verlassenen Mutter zum Beispiel wird dadurch geholfen, die Härte ihrer Situation zu erdulden, daß man ihr als den Sinn ihres Lebens die Sorge um die Kinder aufzeigt.

Ohne Zweifel ist Frankls Sicht, daß das Leiden nicht sinnlos ist, von unschätzbarem Wert. Zweifelsohne kann schwer depressiven Personen geholfen werden, wenn sie nur begreifen, daß ihr Erleben einen Sinn und ein Ziel hat. Aber es gibt Personen, die das einfach nicht erfassen können, deren Geist zu schwerfällig ist, um sich aus dem trüben Sumpf der Verzweiflung zu ziehen. Ihrem Leiden muß auf andere Weise geholfen werden. Um das besser zu verstehen, müssen wir uns mit dem physischen Wesen der Depression befassen.

7. Das wunderbare Gehirn

„Denn du hast meine Nieren bereitet und hast mich gebildet im Mutterleibe. Ich danke dir dafür, daß ich wunderbar gemacht bin; wunderbar sind deine Werke; das erkennt meine Seele. Es war dir mein Gebein nicht verborgen, als ich im Verborgenen gemacht wurde, als ich gebildet wurde unten in der Erde."

Psalm 139, 13-15

Im letzten Kapitel haben wir über das kritische Gleichgewicht zwischen dem Start- oder Wonnezentrum und dem Stopp- oder Schmerzsystem des Hirns gesprochen – beide werden chemisch kontrolliert, das eine durch Noradrenalin, das andere durch Acetylcholin. Die Experimente von Seligman zeigen, daß Depression, selbst tödliche Depression, lernbar ist und daß (zumindest bei Hunden) der Lernprozeß umgekehrt werden kann, indem man einem deprimierten Hund beibringt, daß er entkommen kann, daß er nicht in seinem hilflosen und hoffnungslosen Zustand verharren muß.

Wir haben auch gesehen, daß das neurochemische Gleichgewicht der Start- und Stoppzentren nicht ein für allemal festgelegt ist und somit unser Verhalten ein Leben lang bestimmt. Es ist zum Beispiel nicht unabhängig von dem, was um uns herum geschieht, auch wenn es bis zu einem gewissen Grad von Ereignissen noch vor unserer Zeugung abhängig ist. Zweifelsohne können auch Ereignisse in der frühen Kindheit (wie gebrochene Liebesbindungen) auf die Tendenz der Systeme, sich in die eine oder die andere Richtung zu verschieben, eine Auswirkung gehabt haben, und es gibt Hinweise dafür, daß sich das Gleichgewicht durch bestimmte Formen der Psychotherapie und Verhaltenstherapie und durch chemische Einflüsse verändern läßt.

MODELLE 9-10: BIOLOGISCHE DENKRICHTUNGEN

In diesem Kapitel werden wir uns gleichzeitig mit zwei biologischen Modellen beschäftigen – der Beschädigung biogener Amine

(Neurotransmitter) und der Neurophysiologie der Gehirnzellen. In diesem Zusammenhang möchte ich darauf hinweisen, daß Veränderungen in der Chemie des Gehirns (auf molekularer Ebene) und in der Neurophysiologie (auf einer größeren Ebene) sogenannte Korrelate zu den Depressionskrankheiten sind; Ereignisse also, die zur gleichen Zeit stattfinden wie die Krankheit, aber nicht notwendigerweise ihre Ursachen sind. Wir können jedoch Patienten dadurch heilen, daß wir die chemischen Vorgänge, die sich im Gehirn abspielen, wieder zu ihren Normalzustand zurückführen.

Wir wollen uns deshalb zuerst einmal das menschliche Gehirn selbst ansehen. Nichts auf Erden und nichts, was wir vom Universum kennen, ist so kompliziert, wie das menschliche Gehirn. Der Wissenschaftler ist deshalb zur Vorsicht gemahnt, nicht zu voreilig zu irgendwelchen Schlußfolgerungen zu kommen. Der Christ ist zur Anbetung Gottes gerufen, dessen Schöpfung unbeschreiblich wunderbar ist. Das Gehirn ist der Teil des menschlichen Körpers, der nicht nur zu unserer Menschlichkeit, sondern auch zu unserer Ebenbildlichkeit Gottes am meisten beiträgt.

Das menschliche Gehirn wird manchmal (unzutreffenderweise) mit einem Computer verglichen. *Jede Zelle ist ein Computer.* Jedes seiner Neuronen (Nervenzellen, die die Bausteine des Gehirns sind) ist eine Art elektrochemische Fabrik, Mikrocomputer und Kommunikationssystem in einem. Es ist ein lebendiges, bewegliches, atmendes Wunderwerk. In unserem Gehirn gibt es etwa einhundert Milliarden dieser lebenden Organismen – etwa genausoviel, wie es Sterne in unserer Milchstraße gibt.

Jedes Neuron steht mit zehntausenden von anderen in Verbindung. Die Zahl der Verbindungen ist unvorstellbar. Ein Neuron besteht aus drei Teilen: einem Zellkörper mit einem Nukleus, einem Axon und einem Dendriten. Das Axon ist eine Art Verbindungskabel; es ist von Myelin, einer Isolierschicht umgeben, weil die Zelle elektrochemische Botschaften durch das Axon schickt. Dendriten umgeben den Zellkörper wie Sensoren, vermitteln elektrochemische Botschaften von anderen Neuronen, die verarbeitet, aufgenommen und durch das Axon weitergeleitet werden. Am anderen Ende teilt sich das Axon wieder, um mit vielen weiteren Neuronen zu kommunizieren. Die Knotenpunkte zwischen verschiedenen Neuronen heißen Synapsen.

DER ELEKTRISCHE IMPULS

Bevor wir uns mit den näheren Einzelheiten der Wechselwirkung zwischen Neuronen beschäftigen, wollen wir kurz auf den elektrischen Impuls eingehen, der durch das Axon geschickt wird.

In den letzten Jahren ist der Bedeutung von Lithium bei der Behandlung der Depression in verstärktem Maße Beachtung geschenkt worden.

Obwohl wir immer noch nicht genau wissen, wie Lithium funktioniert, gibt es doch einige Hinweise auf seine Wirkung. Der erste liegt in der Art und Weise, wie elektrische Ströme die Axonen der Neuronen passieren. Neuronen sind normalerweise in einem Zustand der Bereitschaft zur Weitergabe von elektrischen Botschaften (etwa wie eine geladene und entsicherte Pistole). Wenn die Stimulierung die Neuronen durch ihre Dendriten erreicht, findet eine elektrische Entladung entlang des Axons statt. Nach der Entladung muß sich ein Neuron auf den nächsten Stromstoß vorbereiten.

Um zu begreifen, wie das funktioniert, müssen wir wissen, daß die Bereitschaft, eine elektrische Entladung auszulösen, entsteht, wenn das Kochsalz (Natriumchlorid) im Neuron in seine elektrisch geladenen Teile gespalten wird (Natrium und Chlorionen, oder Na^+ und Cl^-, wie Chemiker es schreiben würden). Wenn sich die meisten Natriumionen auf der einen Seite der Zellwand befinden und die Chlorionen auf der anderen, existiert eine elektrische Spannung entlang der Zellwand (ähnlich der elektrischen Spannung zwischen Sturmwolken und der Erde, die zum Blitz führt). Die Entladung einer elektrischen Botschaft entlang der Zelle führt zu einem Dominoeffekt, so daß Natrium- und Chlorionen sich nacheinander „in die Arme fallen". Wenn das einmal geschehen ist, dann kann kein weiterer Stromstoß das Axon durchlaufen, bis sich die Trennung der Ionen entlang der Zellwand vollzogen hat. Natrium- und Chlorionen müssen ihren ursprünglichen Zustand der Bereitschaft wieder einnehmen, um den nächsten elektrischen Impuls weitergeben zu können.

Bei bipolarer Krankheit funktioniert dieser Mechanismus nicht richtig. Bei Depression erhöht sich die Zahl der Natriumionen um etwa 50 % und bei einer Manie um etwa 150 bis 200 %. Zuviele Ionen sind demnach im Spiel. Wahrscheinlich ist es so, daß sich die Transmission an der Synapse (der Stelle zwischen einem Neuron und dem Rezeptor eines anderen Neurons) verringert, während sie entlang des Axons zu empfindlich ist. Man weiß immer noch nicht ganz genau, ob die Zahl der verfügbaren Ionen oder ihre Verteilung in der Zelle der wesentliche Faktor ist. In jedem Fall scheint Lithiumkarbonat tatsächlich die Zahl der Natrium- und Chlorionen auf den normalen Stand zurückzuführen und somit die neuronale Transmission zu ermöglichen. Deshalb eignet es sich zur Behandlung bipolarer Krankheit.

NEUROTRANSMITTER - DIE SENDBOTEN DES GEHIRNS

Eine Synapse besteht im Prinzip aus drei Teilen: dem Knotenpunkt am Ende des Axons, dem Dendriten eines benachbarten Neurons und einer Lücke zwischen den beiden. In dem Endpunkt des Axons befinden sich winzige „Fabriken", sogenannte Mitochondrien, die an der Produktion von Neurotransmittern beteiligt sind. Wenn ein Impuls, der durch das Axon transmittiert wird, den Endpunkt erreicht, löst er die Freigabe von Neurotransmittern aus, die von synaptischen Bläschen in den Raum zwischen den Neuronen transportiert wird. Neurotransmitter sind wie Eilboten, die von dem Endpunkt des Axons losgeschickt werden, um den Zwischenraum zu durchqueren und ihre Botschaft an den Dendriten abzugeben.

Warum habe ich so viele Einzelheiten geschildert? Der Grund liegt darin, daß depressive Krankheit mit einer Erschöpfung der Neurotransmitter verbunden ist. Die Zahl der Eilboten ist auf geheimnisvolle Weise gesunken. Ich sage deshalb auf geheimnisvolle Weise, weil wir noch nicht genau wissen, warum das geschieht, genau wie man nicht weiß, warum sie nach Monaten oder gar Jahren spontan in den Normalzustand zurückkehren können.

Es ist nicht so, als seien sie nicht *da*. Sie stehen sozusagen in den Endpunkten „unter Hausarrest", oder die alten Neurotransmitter werden zu schnell aus dem Verkehr gezogen. Mit Chemikalien kann man diesen Zustand korrigieren, indem man den Zugang zum „Haus" erschwert und somit die Eilboten an der Arbeit hält, oder den Vorgang, durch den die älteren Eilboten aus dem Verkehr gezogen werden, verzögert. Antidepressive Drogen funktionieren auf diese Weise. Sie erhalten den Vorrat von Neurotransmittern auf einem Niveau, das eine normale Funktion des Gehirns ermöglicht, damit der depressive Patient anfängt, Konzentration, Energie, Schlaf, Geschlechtstrieb und andere Fähigkeiten zurückzugewinnen, durch deren Mangel er bislang schwer behindert war.

Gibt es verschiedene Arten von Neurotransmittern? In welchen spezifischen Bereichen sind sie aktiv? Gibt es bestimmte „Häuser", in denen sie eingeschlossen sind, oder besondere Schlüssel, um sie freizulassen?

Mit diesen Fragen beschäftigen sich die Wissenschaftler. Es scheint, daß es verschiedene Arten von Neurotransmittern gibt. Manche Wissenschaftler berichten von möglicherweise 20 verschiedenen Neurotransmittern, andere glauben Hinweise auf bis zu hundert verschiedene Arten entdeckt zu haben. Depressive Krankheit mag auf einen relativen Mangel einer bestimmten Art von Neurotransmittern zurückzuführen sein.

Trizyklische antidepressive Drogen (die stärkste und am weitesten verbreitete Art) funktionieren, (wie ich es mit dem Beispiel der Eilboten beschrieben habe), indem sie die Rate, mit der sich die Neurotransmitter in ihre Häuser zurückziehen, verlangsamen. Auf diese Weise ist die Zahl der verfügbaren Neurotransmitter größer. Andere antidepressive Drogen (MAOIs) wirken, indem sie die Zersetzung von Neurotransmittern verlangsamen (d.h. die Pensionierung älterer Eilboten verhindern).

Die Wirkung auf das Gehirn als Ganzes interessiert uns nur in Hinsicht auf das Gedächtnis und die Konzentration. Beide können durch Depression stark beeinträchtigt werden. Wir interessieren uns mehr für die Wirkungen in und um den Hypothalamus herum, ein Zentrum im Gehirn, das wir schon früher erwähnt haben. Der Hypothalamus ist aus zwei Gründen von Bedeutung. Erstens enthält er die Zentren, die mit dem Appetit, Geschlechtstrieb, Gewichtszu- und -abnahme zu tun haben. Zweitens ist er durch Blutkanäle mit der Hirnanhangdrüse verbunden (eine winzige Drüse, die dem Hypothalamus anhängt und in einer kleinen Knochenschale ruht), die viele körperliche Funktionen reguliert. Wenn die Neurotransmitter knapp sind, dann sind lebenswichtige Körperfunktionen beeinträchtigt. Es gibt immer mehr Hinweise dafür, daß dadurch auch die Widerstandsfähigkeit gegenüber Krebs gesenkt und die Anfälligkeit für Herzkrankheiten gesteigert wird.

Unser wachsendes Wissen über die Biochemie der Depression befähigt uns mehr und mehr, verschiedene Typen unipolarer Depression zu unterscheiden und sie zu behandeln.

GENETIK UND DEPRESSION

Zu den biologischen Modellen, die von Akiskal und McKinney diskutiert werden, gehört auch das genetische Modell. Zumindest müssen wir die Frage stellen, ob Depression eine vererbbare Krankheit ist. Gibt es so etwas wie Depressionsgene? Ist der spätere geistige Zustand eines Menschen im Augenblick der Zeugung bestimmt?

Psychiater diskutieren diese Frage seit ungefähr 100 Jahren. Die „Biologen" unter den Psychiatern untermauern ihren Standpunkt mit Hinweisen auf die Bedeutung der Vererbung, die mehr psychologisch orientierten Psychiater stellen diesen Standpunkt mit Argumenten in Frage, die auf die Bedeutung früher Einflüsse der Umwelt hinweisen. Biologische Psychiater betonen die *Natur;* psychologisch orientierte Psychiater die *Kultur*.

Diese Kontroverse ist heute weitgehend überholt. Auf jeden Fall jedoch müssen wir sehr vorsichtig sein, wenn wir davon reden, daß irgendein Faktor, sei es Natur oder Kultur, den geistigen Zustand *bestimmt*. Wir können sagen, daß bei manchen Personen das Risiko einer Geisteskrankheit höher ist als bei anderen. Manche Forscher sprechen von genetischer Belastung, wenn die Vererbung als Quelle der Anfälligkeit vermutet wird.

Wenn ich mir die kürzlich veröffentlichten Beiträge zu diesem Thema ansehe, so scheint es mir, daß sich die Wissenschaftler immer mehr darüber einig werden, daß sowohl Natur wie auch Kultur (sowohl Vererbung wie auch Umwelt, Gene wie Psychologie) eine Rolle spielen, aber daß bei manchen Formen der Depression die genetischen Faktoren von größerer Bedeutung sind, während bei anderen die Erlebnisse der frühen Kindheit die wichtigere Rolle spielen.

EHTISCHE FRAGEN

Sind wir berechtigt, im chemischen Haushalt des Gehirns herumzupfuschen? Ist der Eingriff in die Chemie des Gehirns eine Art Gemütskontrolle? Viele von uns sind durch Gerüchte über Vorgänge in Gefängnissen, Straflagern und Krankenhäusern beunruhigt. Im Namen der Wissenschaft werden Experimente durchgeführt, die die Würde des Menschen antasten.

Die Art von „Herumpfuschen", mit der wir uns in diesem Kapitel beschäftigen, ist hauptsächlich chemischer Natur. Aber vom moralischen Standpunkt aus besteht zwischen psychologischem „Herumpfuschen" und dem Eingriff in die chemischen Vorgänge kein Unterschied. Beide können leicht mißbraucht werden.

Zwei Tatsachen müssen wir uns ständig vor Augen halten. Erstens, wir haben es beim menschlichen Gehirn mit einem wunderbaren Apparat zu tun, dessen Komplexität unser Verständnis übersteigt. Das heißt, sie übersteigt unser *vollkommenes* Verständnis. Das Funktionieren des Gehirns ist Gegenstand intensiver wissenschaftlicher Forschung geworden, und diese Forschung ist in einer Art und Weise vorangeschritten, wie man es sich vor zwanzig Jahren kaum hätte vorstellen können. Aber unser Wissen ist immer noch recht unvollständig. Zweitens, das Gehirn ist viel mehr als andere Teile unseres Körpers eng mit der menschlichen Persönlichkeit verknüpft. Chirurgische Eingriffe müssen deshalb wohl bedacht sein.

Aber ist es nicht schon immer so gewesen, daß wir Ärzte, deren Auftrag die menschliche Gesundheit ist, trotz unseres mangelnden Wissens einfach unser Bestes geleistet haben? Sollten wir nicht, mit aller Vorsicht, die Mittel verwenden, die Gott uns zur Verfügung gestellt hat, und das Wissen, das er uns gegeben hat, um gepeinigten Menschen zu helfen?

Als Arzt muß ich und werde ich das Wissen, das Gott mir gegeben hat, dazu verwenden, um den Schmerz der Depression zu lindern. Wenn mir chemische Mittel zur Verfügung stehen, die bei depressiven Patienten den nötigen Vorrat von Neurotransmittern wiederherstellen, werde ich sie gebrauchen, stets in dem Bewußtsein, daß meine Behandlung nur ein (aber manchmal das wichtigste und gelegentlich das einzige) Mittel zur Heilung depressiver Patienten darstellt.

Wir müssen alles im richtigen Verhältnis sehen. Wir haben hier die erstaunlichen Wunder des Gehirns und des Körpers und ihre Beziehung zur Depression nur oberflächlich berührt. Als Menschen sind wir zum Bilde Gottes geschaffen, das heißt, der Mensch ist mehr als ein Körper, und die Behandlung der Depression ist mehr als ein Eingriff in die Chemie des Gehirns. Die Depression erfaßt den Menschen als ganzes, und darum muß er auch in seiner Gesamtheit behandelt werden.

Ein rechtliches Problem tritt dann auf, wenn der Punkt der ernsten Geisteskrankheit erreicht worden ist. Kein Christ kann unfreiwilliger Gemütskontrolle von geistig gesunden Menschen zustimmen. Aber viele geisteskranke Menschen leben in einer furchtbaren Welt der Halluzination. Sie leiden unter einer Psychose. Gewöhnlich hat eine Psychose (Geisteskrankheit) mit falschen Vorstellungen der Wirklichkeit zu tun; die Patienten hören zum Beispiel eingebildete Stimmen oder haben Wahnvorstellungen. Damit sind Vorstellungen gemeint, die keine Beziehung zur Wirklichkeit haben. Psychotische Patienten glauben manchmal, daß sie von ihren Freunden und Ärzten (ich denke an die Dame in Kapitel 1) gequält und verfolgt werden.

Psychiater sind sich über die Grenze zwischen Neurose (wie man es einst nannte) und Psychose nicht im klaren. Eines aber ist sicher: Psychose ist die Beeinträchtigung des Wirklichkeitsverständnisses, die, wie ich bereits verdeutlicht habe, mit biochemischen Veränderungen im Gehirn und im Körper zu tun hat. Die Drogen, die benutzt werden, um diese Veränderungen zu behandeln, sind keine Halluzinogene, sondern Medikamente, die die Fähigkeit zur klaren Erkenntnis und zum klaren Denken wiederherstellen. Wie Appelbaum und Gutheil in ihrem Artikel deutlich machen, kann die Verfassung der Vereinigten Staaten so interpretiert werden, daß sie den Patienten „das Recht gibt, zu verkommen". Geben wir Kindern das Recht, sich zu vergiften oder zu verbrennen? Sollten wir es zulassen, daß geisteskranke Menschen auf unbegrenzte Zeit in ihren Welten des Schreckens bleiben? Würde eine solche Interpretation der Absicht des Gesetzgebers entsprechen?

Bevor wir mehr über die Behandlung der Psychosen sagen, wollen wir einen der schlimmsten Aspekte der Depression betrachten – den Selbstmord.

8. Anatomie des Selbstmords

„Es gibt nur ein philosophisches Problem, und das ist der Selbstmord. Die Aufgabe des Menschen besteht darin, mit der scheinbaren Sinnlosigkeit der Verzweiflung und absurden Qualität des Lebens fertigzuwerden."

Albert Camus, in „Der Mythos von Sisyphos"

„Denn wer noch bei den Lebenden weilt, der hat Hoffnung; denn ein lebender Hund ist besser als ein toter Löwe."

Prediger 9, 4

Bei der Beschäftigung mit dem Thema Selbstmord schlug ich in verschiedenen theologischen Nachschlagewerken den Begriff nach. Nirgendwo konnte ich etwas über Selbstmord finden. Vielleicht hängt das mit der Unzulänglichkeit meiner Bibliothek zusammen. Doch wenn ich darüber nachdenke, dann bin ich eher der Überzeugung, daß das christliche Tabu, die Verschwörung des Schweigens, die das Thema Selbstmord umgibt, alle sexuellen Tabus in den Schatten stellt. In drei christlichen Buchläden suchte ich nach Büchern über Selbstmord, aber ich fand nur David Wilkersons Buch *Selbstmord,* eine Sammlung von Selbstmordgeschichten.

„Es gibt gewisse Themen, über die wir häufig scherzen", schreibt Karl Menninger, „als ob wir es vermeiden wollten, sie je ernsthaft zu diskutieren. Der Selbstmord ist eines von ihnen. Das Tabu des Selbstmords ist so groß, daß manche Leute selbst das Wort nicht aussprechen, manche Zeitungen drucken keine Berichte darüber, und selbst Wissenschaftler vermeiden es als Forschungsthema."

Ich habe hunderte, ja tausende von Predigten gehört; keine beschäftigte sich mit dem Thema des Selbstmords. Ich kann mich lediglich an einige Bemerkungen erinnern, in denen Selbstmord als ein Charakteristikum der gottfernen Welt angesehen wird. Nie habe ich gehört, daß auf der Kanzel von einem Christen die Rede war, der Selbstmord begangen hatte. Und doch war der erste Selbstmord, mit dem ich zu tun hatte, der eines Christen, eines Medizinstudenten in meinem Jahrgang, der tot in seinem Bett neben einem leeren Röhrchen von Schlaftabletten gefunden wurde.

Nach der Beerdigung sagten wir alle sehr vernünftige Dinge: „Man wird schnell verwirrt, nachdem man eine Schlaftablette genommen hat. Es ist ja so einfach, immer mehr Tabletten zu nehmen, und zu vergessen, daß man ja bereits schon mehrere genommen hat. Es war ein tragischer Unfall." So redeten wir uns etwas ein, nur um zu verhindern, daß sich unsere tiefsten Ängste breitmachten. Wir konnten den Gedanken nicht ertragen, daß unser Freund uns mehrfach gesagt hatte, wie dunkel alles in seinem Leben geworden war, wie weit Gott von ihm schien, wie hoffnungslos alles doch war. Wir hatten zugehört und ihn eifrig mit gutgemeinten Klischees eingedeckt. Wollten wir jetzt unser eigenes Versagen verbergen, oder versuchten wir treu unseren Freund und seine Familie vor der Schande zu schützen?

Beim Durchblättern eines alten Liederbuches stellte ich fest, daß das Problem auch früher schon Christen betraf. In *Winslow's Anatomy of Suicide* (1840) ist über diesen Menschen folgendes zu erfahren:

Ein Freund verschaffte ihm die Stellung als Protokollführer im House of Lords, aber hatte dabei vergessen, daß seine nervöse Scheuheit, deretwegen ein öffentliches Auftreten für ihn „tödliches Gift" war, es unmöglich machen würde, je seine Pflichten zu erfüllen. Das umwölkte sein Gemüt sofort. Auf seine Bitte hin wurde die Lage so verändert, daß er als Schreiber der Berichte ernannt wurde; bevor er jedoch sein Amt übernehmen konnte, drohte ihm eine öffentliche Prüfung im Parlament. Dadurch geriet er völlig ins Elend; er hatte nicht genug Kraft um abzulehnen. Das Interesse seines Freundes, sein eigener Ruf und Mangel an Unterstützung zwangen ihn in ein Unternehmen, von dem er von Anfang wußte, daß es nie gelingen könnte. In diesem elenden Zustand, wie der Reisende von Goldsmith, „zu ängstlich, um innezuhalten, zu schwach, um weiterzugehen", ging er sechs Monate täglich ins Büro, wo er die Berichte in Vorbereitung auf seine Prüfung studieren sollte. Jedes Mal, wenn er das Büro betrat, fühlte er sich wie ein Mann am Ort seiner Hinrichtung; er blickte nur mechanisch auf die

Bücher, ohne ihnen irgendwelche Informationen zu entnehmen. Als die Zeit seiner Prüfung näherrückte, wurde seine Qual immer intensiver; er hoffte und glaubte, daß der Wahnsinn ihn befreien würde; er versuchte auch, sich fest zum Selbstmord zu entschließen, obwohl sein Gewissen streng dagegen sprach; er vermochte sich durch kein Argument zu überzeugen, daß der Selbstmord gerechtfertigt sein würde; aber seine Verzweiflung siegte, und in der Apotheke besorgte er sich die Mittel zur Selbstzerstörung. Am Tag vor seinem öffentlichen Auftritt fiel ihm ein Brief in der Zeitung auf, der seinem kranken Gemüt als böswillige Verleumdung gegen ihn selbst schien. Er warf sogleich die Zeitung zu Boden und eilte zu den Feldern, entschlossen, in einem Graben zu sterben; dann erfaßte ihn jedoch der Gedanke, er könnte aus dem Land fliehen. Mit der gleichen Gewalt bereitete er hastig seine Flucht vor; aber während er seinen Mantel packte, änderte sich seine Meinung wieder, er bestieg eine Kutsche und verlangte, zum Turmkai gebracht zu werden, wo er sich in den Fluß werfen wollte, ohne darüber nachzudenken, daß es ihm nicht möglich sein würde, das in aller Öffentlichkeit unbeobachtet zu tun. Als er sich dem Wasser näherte, sah er einen Porter, der bei einigen Gütern saß; daraufhin kehrte er zur Kutsche zurück und fuhr zu seiner Wohnung zurück. Auf dem Weg versuchte er, das Laudanum zu trinken, aber jedes Mal, wenn er es zum Mund hob, verhinderte eine krampfhafte Zuckung seines Körpers, daß es seine Lippen erreichte; und somit erreichte er halb tot vor Qual seine Wohnung, den Verlust der Gelegenheit bedauernd, aber unfähig, sie zu nutzen. Er schloß die Tür und warf sich auf sein Bett, das Laudanum neben sich, zu versuchen sich umzubringen, aber eine innere Stimme schien es ihm ständig zu verbieten, und jedesmal, wenn er seine Hand zum Gift ausstreckte, zogen sich seine Finger zusammen und er wurde von Krämpfen zurückgehalten. Zu dem Zeitpunkt kamen einige seiner Wohngenossen, aber er verbarg, was in ihm vorging; und sobald er wieder allein war, überkam ihn eine Veränderung, und die Tat erschien ihm so abscheulich, daß er das Laudanum fortwarf und die Ampulle zerbrach. Den Rest des Tages verbrachte er in einem stumpfen Geisteszustand, und in der Nacht schlief er wie gewöhnlich; als er jedoch um 3 Uhr morgens aufwachte, nahm er sein Taschenmesser, und beschwerte es mit einem Gewicht, die Spitze auf sein Herz gerichtet. Es war zerbrochen und konnte nicht durchdringen. Im Morgengrauen stand er auf und wickelte einen starken Strumpfhalter um sein Genick, den er am Bettrahmen befestigte. Der Bettrahmen konnte seinem Gewicht nicht standhalten; aber er hatte mehr Erfolg, als er ihn an der Tür befestigte. Dort hing er, bis er das Bewußtsein aller Existenz verloren hatte, aber nach einiger Zeit brach der Strumpfhalter, und er stürzte zu Boden, so daß sein Leben gerettet wurde; der Konflikt in ihm jedoch war größer als der Verstand aushalten konnte. Er empfand eine Verachtung für sich selbst, die man nicht beschreiben oder sich vorstellen kann. Jedesmal, wenn er sich auf die Straße begab, schien es ihm, als ob jedes Auge ihn mit Empörung und Verachtung anblicke. Er hatte das Gefühl, daß er Gott so tief beleidigt hatte, daß seine Schuld nie vergeben werden konnte, und sein ganzes Herz war von Verzweiflung erfüllt.

Hier sehen wir einen begabten und gottesfürchtigen Mann, den der Heilige Geist gebraucht hat, um Lieder zum Ruhm Gottes zu schreiben, doch dessen Unglück offensichtlich ist. Er ist nur einer von vielen Christen, die gegen die Schande und den Schrecken ihrer Versuche, sich das Leben zu nehmen, gekämpft haben – manche erfolgreich, andere ohne Erfolg.

Die Schrift sagt bemerkenswert wenig über den Selbstmord. Sie beschreibt nur vier, und möglicherweise einen fünften, alle ohne Kommentar. König Saul, im Kampf geschlagen und in Angst vor dem Hohn und der Folter seiner Feinde, fiel durch sein eigenes Schwert. Sein Waffenträger folgte ihm und starb neben seinem Herrn (1. Sam. 31, 4-6). Ahithophel, Davids weisester Ratgeber, der David verließ, weil sein Rat von Absalom abgelehnt wurde, ging nach Hause, brachte sein Haus in Ordnung und erhängte sich (2. Sam. 17, 23).

Judas Ischariot warf die dreißig Silberstücke vor die Hohenpriester und Ältesten und erhängte sich ebenfalls (Matth. 27, 3-5). Es stimmt, daß Jesus von Judas sagte, es wäre besser gewesen, wenn er nie geboren wäre. Aber diese Worte beziehen sich darauf, daß Judas den Sohn Gottes betrog. Der Selbstmord zeigte die Unfähigkeit von Judas, mit seiner furchtbaren Tat fertigzuwerden. Und wer von uns hätte angesichts seiner furchtbaren Erkenntnis nicht genauso gehandelt wie Judas?

Der fünfte Fall ist umstritten. Es ist nicht klar, ob es sich um Selbstmord handelte oder nicht. Samson starb, als er den Zusammenbruch des Tempels herbeiführte, in dem die Philister feierten, und dreitausend Männer und Frauen kamen mit ihm ums Leben.

Selbstmord ist als Mord an der eigenen Person bezeichnet worden. Jahrhundertelang wurde Selbstmordopfern ein christliches Begräbnis verwehrt. Gesetze, die in christlichen Ländern geschaffen wurden, beurteilen den Selbstmord als Verbrechen, das einen Prozeß und bei Verurteilung eine Strafe erfordert. Noch im Jahre 1823 wurde ein Londoner Bürger, der Selbstmord verübte, an einer Kreuzung in Chelsea mit einem Pfahl durchs Herz begraben. Auf manchen Friedhöfen befindet sich heute noch eine weniger geweihte Ecke für Selbstmörder.

Aber die Strenge der Christen und die Härte des Strafrechts spiegeln eher menschliches Entsetzen als Gehorsam Gott gegenüber wider. Glücklicherweise hat sich die Einstellung der Behörden und Justizbeamten radikal geändert. In Großbritannien wurde 1961 der Selbstmord entkriminalisiert (aber gleichzeitig die Strafen für Beihilfe zum Selbstmord erhöht). Selbst wo der Selbstmord theoretisch immer noch ein Verbrechen ist, wird das Gesetz von Polizei und Richtern ignoriert, und man empfiehlt einem Menschen nach einem mißglückten Selbstmordversuch, sich in eine psychiatrische Behandlung zu begeben.

Wir wollen zugestehen, daß der Selbstmord nicht nur tragisch, sondern auch Sünde ist. Das Leben ist ein wertvolles Geschenk Gottes, der das alleinige Recht hat, über Leben und Tod zu entscheiden. Aber wir müssen Selbstmördern die gleiche Barmherzigkeit erweisen, mit der Jesus alle Sünder ansah. Wenn jemand Mitleid verdient hat, dann sind es Selbstmordopfer.

Die Wissenschaftler kommen mehr und mehr zu der Überzeugung, daß zwischen Geisteskrankheit und Selbstmord ein Zusammenhang besteht. Sainsbury zum Beispiel hat die These aufgestellt, daß geisteskranke Menschen ganz besonders dem Risiko des Selbstmords ausgesetzt sind. Das soll nicht heißen, daß jeder, der Selbstmord begeht, geisteskrank ist (obwohl der Ausdruck „geistig umnachtet" auf die meisten zutrifft), aber es steht außer Zweifel, daß viele Menschen in unserer westlichen Gesellschaft geisteskrank sind, wenn sie Selbstmord begehen. Geisteskrankheit bringt eine Beeinträchtigung der Urteilskraft, Wahrnehmungsverzerrungen und eine reduzierte Willenskontrolle mit sich. Ein vor kurzem veröffentlichter Bericht über 17 Patienten, die an Depression litten, stellte fest, daß zwischen 12 bis 19 % durch Selbstmord starben. Patienten mit depressiver Krankheit sehen die Welt durch verzerrte Brillen. Sie sind deshalb weniger fähig als andere, rationale Entscheidungen zu treffen, und sollen deshalb für ihre Handlungen weniger verantwortlich gemacht werden. Als Barraclough und seine Kollegen einhundert aufeinanderfolgende Selbstmorde untersuchten, stellten sie fest, daß 93 Opfer als geisteskrank eingestuft werden konnten, und 80 von ihnen waren in ärztlicher Behandlung.

Jeden Tag sterben in unserem Land Menschen durch eigene Hand. Die Zahl der versuchten und auch der erfolgreichen Selbstmorde wächst jedes Jahr. Die Christen haben dieses Problem bisher fast vollständig ignoriert, doch sie sind zu aktiver Hilfe aufgerufen.

SELBSTMORD UND DIE GESELLSCHAFT

Emile Durkheim, der brillante französische Soziologe, stellte die erste soziologische Untersuchung des Selbstmords an. Sie basierte auf einer sorgfältigen Analyse europäischer Personenstandsregister und ist bis heute von großer Bedeutung.

Weil Durkheim seine Untersuchung auf der Grundlage von Personenstandsregistern durchführte, wurde und wird er zu Recht kritisiert. Personenstandsregister sind offizielle Unterlagen, die zum Teil aus Todesscheinen angefertigt werden, auf denen Ärzte die Todesursache feststellten. Todesscheine sind jedoch berüchtigt dafür, daß sie die Häufigkeit von Selbstmorden verschleiern. Manche Behörden schätzen die Zahl der Selbstmorde zwischen zehn bis hundertmal höher als die in den Personenstandsregistern angegebenen. Ärzte und trauernde Verwandte versuchen, sich vor der Tragödie des Selbstmordes zu schützen und die Tatsachen zu verschleiern.

Trotzdem ist Durkheims Analyse, obgleich sie auf unzuverlässigen Daten beruhte, beeindruckend. Beim Lesen seines Buches fallen mir zwei Dinge besonders auf. Das eine ist seine weitreichende Definition des Selbstmords, das andere seine vielzitierte Klassifikation verschiedener Arten des Selbstmords.

Als Soziologe ließ Durkheim sich nicht von volkstümlichen Vorstellungen über die Moral des Selbstmordes beeinflussen. Er interessierte sich nur für die Faktoren in der Gesellschaft, die dazu beitrugen. „Der Bilderstürmer, der mit der Hoffnung, ein Märtyrer zu werden, das Verbrechen des Hochverrats begeht, und dann durch die Hand des Scharfrichters stirbt, hat seinen eigenen Tod zustandegebracht, genauso als hätte er sich selbst den Todesstoß versetzt ... Die Absicht ist eine zu intime Angelegenheit, als könnte ein anderer sie genauer als nur annähernd interpretieren ... Sie entweicht oft sogar der eigenen Beobachtung. Wie oft irren wir uns über den wahren Grund für unsere Handlung." Für Durkheim zählt der Tod des Soldaten, der seine Heimat verteidigt, und der Mutter, die ihr Leben opfert, um das ihres Kindes zu retten, zum Selbstmord. „Der Begriff des Selbstmords bezieht sich auf alle Fälle des Todes, die direkt oder indirekt auf eine positive oder negative Handlung des Opfers selbst zurückzuführen sind, von denen es weiß, daß sie dieses Ergebnis haben wird." Die meisten von uns würden eine engere Definition vorziehen. Aber als Soziologe untersucht Durkheim die sozialen Umstände, die Menschen dazu bewegen, den Tod zu wählen: „In jedem Augenblick ihrer Geschichte hat deshalb jede Gesellschaft eine ganz bestimmte Anfälligkeit für den Selbstmord."

Bei der Untersuchung Schweizer Statistiken aus dem 19. Jahrhundert faszinierte ihn der Unterschied zwischen römisch-katholischen und evangelischen Selbstmordziffern, die weniger einen ethischen als vielmehr einen religiösen Unterschied widerzuspiegeln schienen.

Selbstmordziffern pro 100 000 Tode

Deutschsprachige Katholiken	87	Protestanten	293
Französischspr. Katholiken	83	Protestanten	496

Durkheim zog den Schluß, daß deutschsprachige Katholiken häufiger Selbstmord begingen als französischsprachige Katholiken, nicht wegen ihres Blutes, „sondern wegen der Zivilisation, in der sie aufwachsen", und stellte die Hypothese auf, daß der Grund, warum Protestanten häufiger Selbstmord begingen als Katholiken, mit ihrer Betonung des freien Gewissens des einzelnen zu tun hatte. Katholiken, so dachte er, sind eher bereit, ihren Glauben so zu akzeptieren, wie er ihnen „von oben" weitergereicht wurde. „Jegliche Variation ist katholischem Denken zuwider. Wir kommen deshalb zu unserem ... Schluß, daß die Anfälligkeit des Protestantismus zum Selbstmord mit dem Geist des freien Denkens zu tun haben muß, der diese Religion motiviert." Zwei andere Faktoren, die für ihn geringere Bedeutung hatten, waren die Tatsachen, daß Protestanten „eine weniger integrierte Kirche als die katholische Kirche waren" und daß allgemeine Bildung unter Protestanten im Europa des 19. Jahrhunderts weiter verbreitet war als unter Katholiken.

Seine Argumente mögen auf unzuverlässigen Daten beruhen, aber seine Schlußfolgerungen sind es wert, daß man darüber nachdenkt. Hier sind seine Behauptungen:

1. Selbstmord steht in umgekehrtem Verhältnis zu dem Grad der Integration in die religiöse Gemeinschaft.

2. Selbstmord steht in umgekehrtem Verhältnis zu dem Grad der Integration in die häusliche Gemeinschaft.

3. Selbstmord steht in umgekehrtem Verhältnis zu dem Grad der Integration in die politische Gesellschaft.

Spiegeln sich in wachsenden Selbstmordziffern wachsende Störungen im gesellschaftlichen Leben und im Familienleben wider? *Sind Christen mehr anfällig für Selbstmord, wenn die Gemeinden, denen sie angehören, kein enges Netz gegenseitiger Unterstützung mehr darstellen?* Diese These hört sich plausibel an. Durkheim meint, daß die mangelnde Integration in jeder Gesellschaft dazu führt, daß der einzelne mehr auf sich selbst angewiesen ist und deshalb sein Verhalten mehr nach persönlichen Kriterien ausrichtet. Fehlende Integration zwingt den einzelnen dazu, seinen eigenen Interessen gegenüber denen der Gesellschaft Vorrang zu geben. Er nennt das Egoismus, und die sich daraus ergebenden Selbstmorde egoistische Selbstmorde. Dieser Ausdruck ist nicht abschätzend gemeint. Wenn sich meine Verbindungen zur Gesellschaft lösen, werde ich zu einem Boot, das allein auf den Wogen des Lebens tanzt. Unter solchen Umständen ist es unvermeidlich, daß ich meinem eigenen kleinen Boot mehr Aufmerksamkeit widme als der Flotte, zu der ich einst gehörte. Und wenn ein Sturm wütet, fühle ich mich von den Wellen noch mehr bedroht und denke deshalb noch mehr an mich selbst als an die Flotte, von der ich getrennt bin, und falle deshalb in meiner Isolation den Wellen zum Opfer. „Egoismus ist nicht bloß einer der Faktoren, die dazu beitragen. ... Er ist die hauptsächliche Ursache. In diesem Fall wird die Bindung des Menschen an das Leben schwächer, weil seine Verbindung zu der Gesellschaft schwach ist."

Durkheim unterscheidet neben dem egoistischen Selbstmord noch zwei andere Selbstmordtypen: altruistischer Selbstmord und anomischer Selbstmord. Altruistischer Selbstmord mag auf den ersten Blick wenig mit der modernen Kultur zu tun haben. Es handelt sich um Selbstmord im Interesse der Gesellschaft, manchmal auch unter gesellschaftlichem Druck. In primitiven Stämmen geschieht es, daß sich die Alten, die dem Stamm nicht mehr nützen, und manchmal auch die Witwen, langsam zu Tode hungern oder Hand an sich legen. Die Nachfolger eines großen Führers nehmen sich manchmal das Leben, wenn ihr Führer stirbt.

Wie sehr altruistisch solche Selbstmorde sind, ist nicht immer klar. Unter den nomadischen Ayoreos, die ich in Bolivien besuchte, war es zweifelsohne so, daß die Alten und Kranken dem Rest des Stammes auf seinen Reisen durch den Dschungel eine Last waren. Doch das gaben sie nicht als Grund für ihren Selbstmord an. Sie behaupteten, daß es gefährlich wäre, über dem Erdboden zu sterben. Man müßte zum Schutz gegen böse Geister von der Erde bedeckt sein. Ein Missionar, der ganz entsetzt zum ersten Mal in seinem Leben zusah, wie Indianer Erde auf einen lebendigen, atmenden alten Mann schaufelten, sprang in das Grab, um um das Leben des Mannes zu flehen. Aber sein Flehen war vergeblich. Die Erde fiel weiterhin auf das Grab, und der alte Mann versuchte nicht zu entkommen, so daß der Missionar sich gezwungen sah, aus dem Grab zu klettern, wenn er nicht selbst begraben werden wollte.

Zum altruistischen Selbstmord gehört auch der Fall von Oates, der während Scotts unglücklicher Antarktis-Expedition in den Schneesturm ging, damit der Rest des Teams sich schneller fortbewegen konnte und mehr Nahrung hatte.

Der anomische Selbstmord ist vielleicht von größerer Relevanz in unserer Gesellschaft. In seiner sorgfältigen Analyse stellte Durkheim den Zusammenhang zwischen wirtschaftlichen Krisen und Selbstmord fest. Er beobachtete, daß Selbstmorde nicht nur mit Bankrott, sondern auch mit plötzlich erlangtem Reichtum in Beziehung standen. Selbstmord bei Bankrott ist leicht nachzuvollziehen, aber warum nehmen sich Menschen das Leben, die plötzlich reich geworden sind?

Als Anomie (aus dem Griechischen, „ohne Gesetz") bezeichnet man Desorientierung und den Schock, die durch eine abrupte Veränderung im Leben hervorgerufen werden; eine Veränderung, die alles übersteigt, was sich die Person hätte vorstellen können, die neue Verhaltensmuster in einer Welt verlangt, deren Regeln sie noch nicht hat lernen können. „Jeder in seinem Bereich ist sich vage der extremen Beschränkungen bewußt, die seinen Bestrebungen auferlegt sind. Somit wird den Leidenschaften ein Ziel und Ende gesetzt." Es kann uns sehr angst werden, todesangst sogar, wenn sich die Welt um uns total ändert.

Seit Durkheim haben viele andere Soziologen die Zusammenhänge zwischen gesellschaftlichen Faktoren und Selbstmord untersucht. James Brown, ein kanadischer Psychiater, der sich auf die Untersuchung des Selbstmords spezialisiert hat, schlug zwei mögliche Gründe für die Zunahme an Selbstmorden während der letzten Jahre vor, Durkheims Anomie und den zunehmenden Alkoholismus.

Der soziale Verfall gibt dem Zitat von Albert Camus vielleicht eine größere Relevanz, als Christen zugeben wollen: „Es gibt nur ein philosophisches Problem, und das ist der Selbstmord. Die Aufgabe des Menschen ist es, mit der scheinbaren Sinnlosigkeit des Lebens, der Verzweiflung und seiner Absurdität fertigzuwerden."

Die Technologie führt zu beunruhigenden sozialen Veränderungen, und die Geschwindigkeit der Veränderung wächst ständig. Das moderne Leben zerstört Gemeinschaften und trennt die Großfamilie. Städte ersetzen Dörfer. Gegenden, wo kleine Geschäfte waren und ein Gefühl der Gemeinschaft herrschte, sind durch unpersönliche, hochstöckige Mietbauten ersetzt worden, Vororte mit Kleinstfamilien und riesigen Einkaufszentren. Auch die modernen Gemeinden, auf „religiösen Konsum" eingestellt, vermögen oft kein Gefühl der Zusammengehörigkeit mehr zu vermitteln. So entstehen immer mehr Voraussetzungen für Durkheims egoistischen und anomischen Selbstmord.

STEIGENDE SELBSTMORDRATEN

Ob die Unterschiede in den Selbstmordraten der verschiedenen Länder lediglich auf Unterschiede in der Art und Weise, wie Ärzte und Verwandte den Selbstmord vertuschen, zurückzuführen sind, oder ob es sich um wirkliche Unterschiede handelt, die Statistiken besagen folgendes: Die Selbstmordrate in den USA ist niedriger als die in Österreich, Westdeutschland, Ungarn, Japan, Tschechoslowakei, Dänemark, Finnland, Schweden und der Schweiz.

Italien, Holland und Spanien geben sogar noch geringere Selbstmordraten als die Vereinigten Staaten an.

Aus den Statistiken ersehen wir, daß in vielen Ländern während der letzten 200 Jahre dreimal so viele Männer wie Frauen Selbstmord begangen haben. Das gleiche gilt für Selbstmordversuche. In rassisch gemischten Gesellschaften ist die Selbstmordrate für Schwarze niedriger als für Weiße.

Während der siebziger Jahre jedoch entwickelten sich neue Trends, mehr Frauen, mehr Jugendliche und mehr Schwarze begingen Selbstmord. Spiegeln diese Änderungen die persönlichen Unsicherheiten wider, die sich aus den neuen Rollen, die durch soziale Veränderungen auf diese drei Gruppen zugekommen sind, ergeben?

1972 veröffentlichte Bagley eine interessante Untersuchung, die Durkheims Idee der Anomie bestätigt. Auf der Grundlage der Definition eines „autoritären Systems" klassifizierte er 30 Staaten der USA und stellte fest, daß sich der Grad eines autoritären Systems umgekehrt proportional zu der Selbstmordrate verhält.

Brown hatte zuvor Statistiken in kanadischen Provinzen verglichen und stellte fest: „Es gibt eine Komponente in Unfall- und Selbstmordraten, die ein Niveau an gewaltsamen und ungezügelten Verhalten in den Gemeinschaften widerspiegelt." Er schloß daraus, daß diese Tendenzen zu „Straffälligkeit, Verbrechen, Drogenabhängigkeit oder Selbstmordversuchen" führen können.

Brown zögert, Alkohol für den Selbstmord verantwortlich zu machen. Aber viele anerkannte Statistiken scheinen auf eine solche Korrelation hinzuweisen. Überall in der westlichen Welt steht die Hälfte aller Personen, die nach einem Selbstmord ins Krankenhaus eingeliefert werden, unter Alkoholeinfluß. Unter Alkoholikern ist Selbstmord sehr viel häufiger als unter Nichtalkoholikern.

Jahrelang habe ich Personen befragt, die nach dem Trinken versucht haben, Selbstmord zu begehen. Einige erzählten mir, daß sie den Selbstmord geplant hatten und sich dann betranken, um das ganze einfacher und angenehmer zu machen. Doch bei der Mehrzahl war das nicht so. Eine häufiger vorkommende Geschichte lautet so: „Ich fühlte mich eine lange Zeit deprimiert. Ich trank ein paar Gläser. Ich hatte eigentlich nicht vorgehabt, die Pillen zu nehmen..." Handfesteres Beweismaterial gibt es in Kalifornien, wo die Selbstmordrate in genauem Verhältnis zum jährlichen Alkoholkonsum gestiegen und gesunken ist.

Wer begeht Selbstmord? Wem wird es am wahrscheinlichsten gelingen und wem nicht? Vor zwanzig Jahren hätten die meisten Psychiater geantwortet, daß Männer mehr Erfolg haben bei ihren Selbstmordversuchen (sie benutzen Gewehre und erhängen sich häufiger) als Frauen und daß die Alten erfolgreicher sind als die Jungen.

Doch die Verhältnisse ändern sich. Die Frauen fangen an, die Männer einzuholen, und die Jungen die Alten.

Die neuesten Selbstmordtrends sind erschreckend. Bis vor kurzem sah es so aus, als ob das Selbstmordrisiko mit dem Alter zunimmt. Aber seit den 50er Jahren haben sich eine wachsende Zahl von Jugendlichen und jungen Menschen selbst umgebracht. In manchen Gegenden ist Selbstmord von Jugendlichen häufiger als von Älteren.

Da stellt sich die Frage: Befindet sich der Höhepunkt des Selbstmordrisikos in einem früheren Alter? Oder müssen wir damit rechnen, daß die Jugendlichen von heute mit zunehmendem Alter immer selbstmordanfälliger werden? Wenn die zweite Frage bejaht werden muß, dann wird die Zahl der Selbstmorde in den nächsten vierzig Jahren drastisch steigen. Das entspricht genau der Vorhersage der Statistiker. Zwei Untersuchungen, die in den Vereinigten Staaten durchgeführt wurden, analysierten die Entwicklung der Altersstruktur bei Selbstmorden. Sie deuten darauf hin, daß seit 1951 die Selbstmordrate bei den jüngeren Altersgruppen im Laufe der Zeit ständig zugenommen hat. In manchen Gebieten ist Selbstmord bereits die zweithäufigste Todesursache von Jugendlichen.

DIE PSYCHOLOGIE DES SELBSTMORDS

Bislang haben wir uns mit der Soziologie und den statistischen Erhebungen in bezug auf Selbstmord befaßt. Vielleicht sollten wir uns jetzt dem engeren Fragenkreis zuwenden, mit dem sich die Psychologen und Psychiater auseinandersetzen, nämlich: Welche bewußten und unbewußten Motive treiben Männer und Frauen in die Arme des Todes? Beschäftigen wir uns zunächst einmal mit den bewußten Motiven. Welche Beweggründe nennen Personen, die einen Selbstmord überlebt haben, für ihre Handlungen?

Heute erklärte mir ein junger Mann von zwanzig Jahren: „Ich wollte, daß ich ihnen allen leid tue."

„Wem, deiner Familie?"

„Nein, meinen Freunden. Sie weigerten sich mir zu helfen, eine Freundin zu finden. Deshalb dachte ich, das einzige, was mir noch übrig blieb, wäre, mich selbst umzubringen. Dann würde es ihnen leid tun."

Vielleicht könnte man sagen, sein Motiv war das der Rache an Freunden, die ihm nicht das gaben, was er wollte. Viele Patienten geben ähnliche Gründe an.

Oft frage ich einen Patienten, nachdem er das Bewußtsein wiedererlangt hat: „Was halten Sie davon, daß Sie noch am Leben sind. Wollen Sie leben?" Manche antworten, daß sie es nicht wissen. Ich frage sie: „Wie wäre es, tot zu sein?" Die erbärmlichste, und doch erschreckendste Antwort lautet: „Frieden. Ich werde endlich Frieden haben, wenn ich sterbe." Andere sagen: „Nichts. Überhaupt nichts." Solche Menschen werden es höchstwahrscheinlich wieder versuchen, es sei denn, man kann ihnen helfen, die Dinge anders zu sehen.

Andere haben mir gesagt: „Ich verdiene es zu sterben. Ich bin es nicht wert zu leben." Für sie ist der Tod eine Art Sühne für ihr Versagen und ihre Sünden. Die meisten Patienten, die mir so etwas sagen, sind zutiefst depressiv.

Viele, die lediglich mit dem Gedanken des Todes spielen (d.h. bei denen man merkt, daß sie nicht wirklich sterben wollen, sondern sich so verhalten wie der junge Mann, mit dem ich heute Nachmittag gesprochen habe), haben das Ziel, auf andere Eindruck zu machen und ihr Verhalten zu beeinflußen. Manche Männer drohen, daß sie sich erschießen werden, nachdem ihre Frau sie verlassen hat, und arrangieren es so, daß jemand sie findet, während sie sich eine geladene Pistole an den Kopf halten. Ähnliches geschieht, wenn Frauen, deren Männer untreu geworden sind, mit einer Überdosis Schlaftabletten ins Krankenhaus eingeliefert werden.

Wenn man ihre Geschichten sorgfältig analysiert, werden zwei Dinge offenbar. Erstens: Der Selbstmordversuch war manipulativ und hatte die Veränderung des Verhaltens des Ehegatten zum Ziel. Zweitens: Er erreicht oft seinen Zweck, zumindest vorläufig. Untreue Männer versprechen, sich zu ändern, untreue Frauen kehren ängstlich zurück.

Dieses Spiel ist jedoch gefährlich. Man kann sich auch verrechnen – dadurch, daß man eine zu hohe Dosis einnimmt oder den Abzug der Pistole unversehens drückt, während jemand versucht, einem zu entreißen. Zudem reagieren die Ehepartner nach dem dritten oder vierten Selbstmordversuch hart und mürrisch, ihr Zorn wächst bei jedem Krankenhausbesuch.

Man darf nie annehmen, daß sich der Ernst des Versuchs an der eingenommenen Dosis von Tabletten messen läßt. „Ich nahm fünf Dalmantabletten" sagte mir eine Frau. Über ihr hing eine tödliche Stille.

„Warum fünf?" fragte ich.

„Weil ich wußte, daß das genug war, um mich zu töten."

Sie meinte wirklich, was sie sagte. Ich achtete darauf, ihr *nicht* zu verraten, daß sie eine weitaus höhere Dosis hätte einnehmen können, ohne in Lebensgefahr zu kommen. Mir ist es lieber, daß sie es beim nächsten Selbstmordversuch noch einmal mit Dalman probiert.

Ein Junge saß stundenlang allein mit einer geladenen Pistole, deren Lauf in seinen Mund gerichtet war, während er mit dem Abzug herumspielte.

„Was hat dich dazu getrieben, das zu tun?"

„Ich weiß nicht. Vielleicht gibt es einen Himmel. Vielleicht ist es dort besser. Wer weiß?"

„Woran hast du gedacht, als du dort mit der Pistole im Mund gesessen hast?"

„Ich versuchte, mir selbst Mut zu machen. Ich dachte, ich würde es tun, und dann hatte ich plötzlich Angst, und dachte etwas mehr darüber nach. Gibt es ein besseres Leben nach dem Tode? Niemand weiß das. Auf keinen Fall kann es schlimmer als das Leben hier sein."

Dieser junge Mann überlebte mehrere Versuche, sich das Leben zu nehmen. Vielleicht ist er risikosüchtig; der hohe Einsatz beim Spiel mit dem Selbstmord reizt ihn. Leider scheint sich das bei ihm nicht zu legen.

Manche meiner Patienten sagen mir: „Die Stimmen sagten mir, daß ich es tun muß. ‚Hol' dir ein Seil und erhäng' dich!' Sie hörten nicht auf, das zu sagen."

Ein Mädchen sagte weinerlich: „Ich muß gekreuzigt werden wie Jesus, und dann wird es keinen Krieg geben."

„Warum meinst du das?"

„Die Stimmen – ich bin sicher, es waren Engel – haben es mir gesagt. Ich brauche nicht auf ein richtiges Kreuz gehängt zu werden – solange ich nur sterbe. Vielleicht *bin* ich Jesus ..."

Viele hinterlassen Nachrichten (gewöhnlich ein Anzeichen, daß der Versuch ernstgemeint war), die häufig Sätze enthalten wie „es ist viel besser für Euch, wenn ich nicht mehr da bin", „so muß es sein" und „ich liebe dich". Die Handschrift ist oft zitternd, woraus man erkennen kann, daß der Schreiber wahrscheinlich unter dem Einfluß von Alkohol oder Beruhigungsmitteln oder beidem stand und beim Schreiben bereits dabei war, das Bewußtsein zu verlieren. Manchmal ist die Nachricht unvollendet, und eine Spur von Tinte läuft über das Papier, weil der Tod dann einsetzte.

Manche Leute sind sich über ihre Gründe für den Selbstmord nicht im klaren. Sie waren verzweifelt und wußten nicht, was sie tun sollten. Sie waren durcheinander. Wenn ich ihnen zuhöre, merke ich langsam, daß sie nach Hilfe suchten, aber nicht wußten, wie sie fragen sollten, oder niemanden hatten, an den sie sich wenden konnten. Man beschreibt sie mit der Redewendung: „Hilferuf".

Eine britische Untersuchung verfolgte die Entwicklung von 189 depressiven, jungen Frauen über zehn Monate. Man stellte fest, daß die jungen Frauen feindselig waren, bereits versucht hatten, Selbstmord zu begehen, und Drogen und Alkohol mißbrauchten. Während der zehn Monate versuchten zwölf von ihnen, Selbstmord zu begehen; eine war dabei erfolgreich. Auch andere Forscher haben Feindseligkeit bei Selbstmordversuchen festgestellt. Weismann und seine Kollegen verglichen 29 selbstmörderisch depressive Frauen mit 29 depressiven Frauen, die nicht selbstmordgefährdet waren, und stellten fest, daß die Mitglieder der selbstmordgefährdeten Gruppe wesentlich feindseliger gestimmt waren. Sie stellten in dieser Gruppe auch einen hohen Gebrauch von Drogen fest. Aber es stellt sich die Frage, ob beide Gruppen (jüngere, hauptsächlich weiße Frauen) wirklich der Gruppe depressiver oder selbstmordgefährdeter Patienten insgesamt entsprechen. Vielleicht bilden sie das, was man eine Untergruppe der selbstmordgefährdeten Bevölkerung nennen könnte.

In seinem Buch *Der Mensch gegen sich selbst* geht Karl Menninger auf die Anschauungen von Abraham und Freud bezüglich des retroflexiven Zorns zurück. Während er die Komplexität des Themas offen zugibt, reduziert er den Selbstmord auf drei grundlegende Triebe:

1. Der Wunsch zum Töten
2. Der Wunsch, getötet zu werden
3. Der Wunsch, zu sterben

Zuerst erinnert Menninger uns daran, daß der Mord tief im Schatten eines jeden menschlichen Herzens lauert, ein Mord, den der Mörder überleben könnte. Er sieht (ein Gedanke, der Mütter schockieren wird) das Säugen des Kindes als einen kannibalistischen Akt, in dem der Säugling einen Teil der Mutter in sich aufnimmt. Zweitens sieht er den Wunsch, getötet zu werden, als eine extreme Form der Unterwerfung, die aus unbewußter Schuld und der notwendigen Bestrafung erwächst. Drittens erinnert er uns daran, daß es einfacher ist, unseren mörderischen Zorn auf uns selbst zu richten, als auf jemand anderen. Der Wunsch zu sterben ist manchmal nicht stark genug, und dieser Mangel erklärt, warum soviele Selbstmordversuche fehlschlagen.

Menninger zeigt auch die Unentschlossenheit auf, die bei vielen Leuten, die Selbstmord begehen, vorhanden ist, indem er einen amüsanten wenn auch makabren Artikel aus der Zeitschrift *Time* zitiert, (17. November 1930). Herr Q.R.S. aus Los Angeles versuchte „zuerst, sich am Kronleuchter zu erhängen. Der Kronleuchter fiel von der Decke. Er schnitt sich die Kehle auf, blieb jedoch am Leben. Er schnitt sich danach noch die Arterien und die Venen auf. Als zwei Detektive und ein Arzt kamen, hielt man ihn für tot. Da sprang er aus dem Bett und kämpfte mit allen dreien."

Menninger, der wie Freud den Selbstmord als nach innen gerichtete Aggression deutet, gibt damit automatisch für den Selbstmord und die Depression die gleiche Erklärung. Ohne Zweifel besteht zwischen Depression und Selbstmord eine Verbindung, aber depressive Menschen werden von einer Vielfalt von Gefühlen und Impulsen gequält. Es lohnt sich, die vielen Gedanken und Impulse derer zu studieren, die Selbstmord begehen.

Man erhält vor allem durch hinterlassene Nachrichten Hinweise auf ihre Gedanken. Andere, die verzweifelte Selbstmordversuche unternehmen (zum Beispiel Menschen, die sich vor einen Zug werfen), überleben manchmal. Soweit sie ihre eigenen Motive begreifen können, schildern sie sie. Manchmal finden wir einen Hinweis in den Träumen, die sie in den Nächten vor ihrem Selbstmordversuch verfolgen. Hier ist eine unvollständige Liste der vielen Gründe für Selbstmordversuche, die in der psychologischen Literatur angeführt werden:

1. Versuch, für falsche Handlungen zu büßen.
2. Flucht vor einer unerträglichen Situation.
3. Der Wunsch, sich an anderen zu rächen und sie zu verletzen.

4. Masochismus – eine Qual, die für die sexuelle Ekstase durchgeführt wird und im Tod endet.
5. Der Wunsch, Frieden oder ein besseres Leben zu finden.
6. Der Wunsch, mit einer geliebten verstorbenen Person vereint zu werden.
7. Versuch, anderen die eigene Verzweiflung mitzuteilen („Hilferuf").
8. Ein letzter Versuch, eine Situation zu manipulieren oder zu kontrollieren. (Es ist überraschend, wie weit manche Leute gehen, um anderen ihren Willen aufzuzwingen.)
9. Der „Spaß" des Risikos.

Bei allen Selbstmorden besteht immer ein gewisser Grad der Unentschlossenheit. Der Todeswunsch steht im Wettstreit mit dem Wunsch zu leben; deshalb ist es manchmal schwer, einen Selbstmordversuch genau zu definieren. Manche Leute, die eine Überdosis von Tabletten einnehmen oder ihre Arterien mit Rasierklingen anschneiden, wollen eigentlich gar nicht sterben und sagen das auch nach ihrem Versuch. Aber sie haben doch an den Tod gedacht. Sie spielten mit dem Tode und demonstrierten somit eine gewisse Mißachtung des Lebens.

Manchmal wird der Begriff der Selbstmordgeste gebraucht, oft in abfälliger Weise in bezug auf jüngere Menschen, die vor ihrer „Geste" getrunken haben und die auf Unfallstationen in den Krankenhäusern Platz und Zeit rauben, während die Krankenschwestern und Ärzte alle Hände voll zu tun haben, um sich um Unfallopfer und Herzkranke zu kümmern. Wer hat unter solchen Umständen Zeit für „Selbstmordgesten?"

Je ernster der Versuch, um so wahrscheinlicher ist es, daß der Leidende geistig krank ist, d.h. entweder ernsthaft an Depression oder Schizophrenie leidet (sich Illusionen hingibt, verzweifelt ist oder halluzinatorischen Stimmen gehorcht). Seit den frühen 60er Jahren hat sich Beck, den ich in Kapitel 6 bereits erwähnte, auf die Hoffnungslosigkeit als das eine Merkmal der depressiven Stimmung konzentriert, das ein Schlüssel zum Verständnis des Selbstmordes und vielleicht ein Beitrag zur Verhinderung desselben sein könnte. Nicht die Hoffnungslosigkeit ist der Aspekt der Depression, auf den wir uns konzentrieren sollten, sondern vielmehr die verzerrte Schau der Wirklichkeit. Die Hoffnungslosigkeit gehört zu einem Erkenntnisvorgang, durch den die Dinge falsch gesehen werden. Der selbstmordanfällige Patient leidet im

Grunde unter falschem Denken, einer falschen Sicht der Wirklichkeit.

Beck und seine Mitarbeiter meinen, Hoffnung und Selbstmordabsicht ließen sich wissenschaftlich messen; ihre Untersuchungen ergaben, daß das Selbstmordrisiko um so größer ist, je weniger Hoffnung besteht.

Wie nützlich ist diese Information? Wie einfach ist es, eine selbstmordanfällige Person dazu zu bringen, vernünftig über die Zukunft nachzudenken? Inwiefern ist das verdrehte Denken das Ergebnis eines gestörten Gemüts? Läßt sich gestörtes Denken (wie Beck behauptet) korrigieren und das Gemüt verändern? Oft stelle ich fest, daß gestörtes Denken das Ergebnis und nicht die Ursache gestörter Emotionen ist.

SELBSTMORD: TATSACHE UND MÄRCHEN

Wenn die Zahl der Selbstmorde verringert werden soll, muß dem Problem auf mehreren Ebenen begegnet werden. Wo es möglich ist, müssen enge Gemeinschaften entwickelt werden. Wenn das nicht auf politischer und allgemein gesellschaftlicher Ebene geschehen kann, dann müssen zumindest christliche Gemeinden darum bemüht sein, ihrer Berufung als Gemeinschaft gerecht zu werden.

Geisteskrankheit muß früh und energischer behandelt werden. Psychiater, Ärzte und Seelsorger müssen besser ausgebildet werden, um an der Behandlung solcher Krankheiten beteiligt zu sein, und sie müssen über die Selbstmordgefahren besser aufgeklärt werden.

1974 untersuchte Barraclough, was sich im Leben von 100 Selbstmördern ereignet hatte. Die folgende Liste faßt einige seiner Ergebnisse zusammen:

93 hatten innerhalb eines Jahres vor ihrem Tod einen Arzt besucht.

69 hatten innerhalb eines Monats vor ihrem Tod einen Arzt besucht.

48 hatten innerhalb einer Woche vor ihrem Tod einen Arzt besucht.

75 hatten innerhalb eines Jahres vor ihrem Tod ihren Hausarzt besucht.

59 hatten innerhalb eines Monats vor ihrem Tod ihren Hausarzt besucht.
40 hatten innerhalb einer Woche vor ihrem Tod ihren Hausarzt besucht.

24 hatten innerhalb eines Jahres vor ihrem Tod einen Psychiater besucht.
18 hatten innerhalb eines Monats vor ihrem Tod einen Psychiater besucht.
11 hatten innerhalb einer Woche vor ihrem Tod einen Psychiater besucht.

55 hatten kurz vor ihrem Tod über den Tod, das Sterben oder Selbstmord gesprochen.
34 hatten während des vorausgegangenen Jahres mit Selbstmord gedroht.
21 hatten während des vorausgegangenen Monats mit Selbstmord gedroht.
13 hatten während der vorausgegangenen Woche mit Selbstmord gedroht.

Die Liste soll nicht als Vorwurf gegen die betroffenen Ärzte und Verwandten aufgefaßt werden, sondern sie sollte uns alle die Realität des Selbstmords stärker bewußt machen. Psychiater und Sozialarbeiter befinden sich oft in einer ausweglosen Situation, wenn sie mit Patienten zu tun haben, die mit Selbstmord drohen. Aber wir müssen uns alle darüber im klaren sein, daß Reden über Selbstmord gewöhnlich tatsächlichem Selbstmord vorausgeht.

Schneidman stellt in seinem Lehrbuch der Psychiatrie in bezug auf den Selbstmord eine Reihe von „Märchen" und „Tatsachen" gegenüber.
Märchen: Leute, die davon reden, begehen keinen Selbstmord.
Tatsache: Von 10 Selbstmördern haben 8 klar vorher ihre Absicht bekundet.
Märchen: Selbstmord geschieht ohne Vorwarnung.
Tatsache: Untersuchungen zeigen, daß die selbstmordanfällige Person viele Hinweise und Warnungen in bezug auf ihre Selbstmordabsichten gibt.
Märchen: Menschen, die Selbstmord begehen, wollen wirklich sterben.

Tatsache: Die meisten, die einen Selbstmordversuch unternehmen, sind sich nicht im klaren darüber, ob sie leben oder sterben wollen, und sie spielen mit dem Tod, indem sie es andern überlassen, sie zu retten. Fast niemand begeht Selbstmord, ohne anderen mitzuteilen, wie er sich fühlt.
Märchen: Wenn jemand selbstmordanfällig ist, dann ändert sich das nicht mehr.
Tatsache: Personen, die sich umbringen wollen, sind nur vorübergehend in diesem Zustand.
Märchen: Eine Besserung nach einer Selbstmordkrise bedeutet, daß die Selbstmordgefahr vorbei ist.
Tatsache: Die meisten Selbstmorde erfolgen etwa 3 Monate nach der ersten Besserung, wenn die Person die Kraft hat, ihre Gedanken und Gefühle zu verwirklichen.
Märchen: Selbstmord findet hauptsächlich unter Reichen, oder umgekehrt hauptsächlich unter Armen statt.
Tatsache: Der Selbstmord ist proportional gleichmäßig auf alle gesellschaftlichen Schichten verteilt.
Märchen: Selbstmord ist erblich oder kommt besonders häufig in einer Familie vor.
Tatsache: Es handelt sich um eine Tendenz des einzelnen.
Märchen: Alle selbstmordanfälligen Patienten sind geisteskrank.
Tatsache: Untersuchungen von hunderten von Selbstmordbriefen zeigen, daß die Person, die Selbstmord begeht, zwar äußerst unglücklich und verstört, aber nicht unbedingt krank ist.

Einige der Tatsachen von Schneidman müssen modifiziert werden. Obwohl die meisten Personen mit Selbstmordplänen dem Tod gegenüber keine eindeutige Einstellung haben, müssen wir uns vor dem Gedanken hüten, daß es immer möglich ist, jemanden daran zu hindern, Selbstmord zu begehen. Ich bin bei manchen Selbstmordkandidaten einer Schlauheit und Entschlossenheit begegnet, gegen die selbst erfahrene Fachleute nichts ausrichten konnten.

Ich denke hier an eine Frau, die so häufig und mit großer Entschlossenheit versucht hat, sich umzubringen, daß sie von besonders ausgebildeten Krankenschwestern 24 Stunden am Tag umgeben war. Die Frau nahm gern ein Schaumbad mit großem Genuß unter einer dicken Schicht von Schaum. Eines Tages, als sie scheinbar wie gewöhnlich genüßlich in ihrem Bad lag, schnitt sie mit dem langen und spitzen Fingernagel ihres rechten Zeigefingers durch die Haut ihres linken Handgelenks und öffnete damit ihre

Speichenschlagader. Die Wärme des Badewassers förderte einen schnellen Blutfluß aus der Arterie, während der weiße Schaum die rötliche Färbung des Wassers verbarg. Als die Krankenschwester (die sich sicher fühlte in dem Wissen, daß es für die Frau „unmöglich" war, sich etwas anzutun) Verdacht schöpfte, war es bereits zu spät, sie zu retten. Mir sind andere gleichfalls geniale und entschlossene Versuche begegnet, wo der Selbstmord trotz höchster Wachsamkeit stattfand.

Der Tod dieser Frau führt zu der folgenden Frage: Hatte sie nicht ein Recht darauf, ihren Tod zu wählen? Verstießen wir nicht gegen ihr Menschenrecht auf Selbstbestimmung? Ich glaube nicht. Gott hat sie geschaffen, darum ist er der einzige, der das Recht hatte, über ihr Leben zu entscheiden. Ihr Körper gehörte ihm.

Obwohl Schneidman recht hat, wenn er sagt, daß eine selbstmordanfällige Person nicht unbedingt geisteskrank ist, so ist es doch bei vielen Selbstmordpatienten so. In der Tiefe ihrer Depression, während der bereits beschriebenen Verlangsamung ihres Psychomotors sind manche Patienten nicht in der Lage, ihre Kräfte ausreichend zu sammeln, um sich das Leben zu nehmen. Doch innerhalb von zwei bis fünf Wochen nach Beginn einer Besserung, wenn die Kräfte wieder zurückkehren, macht eine plötzliche (fast freudige) Ruhe den sensiblen Beobacher auf eine Gefahr aufmerksam. Die Ruhe kann die Ruhe eines festen Entschlusses sein – sich das Leben zu nehmen.

Meine eigene Erfahrung deutet daraufhin, daß es neben der frühen Besserung noch eine andere Gefahr gibt, vor allem unter Patienten, deren Depression unzulänglich behandelt worden ist. Ein solcher Patient wird aus dem Krankenhaus entlassen, vielleicht mit unzureichenden Dosierungen von Medikamenten und unzureichender Überwachung der Therapeuten. Obwohl der Zustand der Patienten allgemein besser geworden ist, sind sie noch immer Depressionsanfällen ausgesetzt, weil sie versuchen, den Anforderungen des Lebens mit ihrer unzureichenden inneren Kraft zu genügen. Die meisten, die sich selbst umbringen, tun es während der sechs Monate, nachdem sie aus dem Krankenhaus entlassen worden sind.

Menninger bezieht sich vielleicht auf solche Patienten, wenn er feststellt: „Patienten, die inmitten einer vorübergehenden Depression, während der sie mit Selbstmord gedroht haben, in unsere Pflege gegeben worden sind, gelangen allmählich in einen besseren

Zustand. Die Verwandten wollen sie dann wieder nach Hause nehmen in völliger Mißachtung unserer Warnung, daß es zu früh ist, und daß der Patient immer noch in Selbstmordgefahr schwebt. Oft halten sie den Gedanken für lächerlich, daß *ihr* Verwandter so etwas tun könnte ... Dann, ein paar Tage oder Wochen später lesen wir in der Zeitung, daß unser ehemaliger Patient sich erhängt, erschossen oder ertränkt hat."

Schneidmans Behauptung, daß Selbstmord nicht in der Familie liegt, ist eine Halbwahrheit. Zweifelsohne steht jeder Selbstmord allein da. Er ist die Handlung einer Person. Trotzdem habe ich ohne Zweifel die Häufung von Selbstmord in manchen Familien festgestellt. Vor kurzem verbrachte ich einige Zeit mit einem indianischen Ehepaar mittleren Alters, das vom Kummer der Selbstmorde in ihrer Familie gebeugt war. Beide waren bibelgläubige Christen und aktive Reichsgottesarbeiter in ihrem Reservat. Ihr Sohn war im Krankenhaus, weil er versucht hatte, sich an einem Baum in der Nähe des Reservats zu erhängen, der als „Erhängungsbaum" bekannt war. Vor einem Jahr hatte sich sein Onkel an einem seiner Zweige erhängt. Ein Monat vor dem Selbstmordversuch des Jungen fand man den Leichnam seines Vetters an dem gleichen Zweig des gleichen Baums hängen. Mein Patient muß sicherlich von diesen Ereignissen beeinflußt gewesen sein. Der Baum wurde dann natürlich von Mitgliedern des Stammes gefällt.

Selbstmord kann eine starke und vernichtende Wirkung auf jeden haben, der der so verstorbenen Person nahegestanden hat. Wenn Anfälligkeit zur Depression in der Familie liegt, dann ist es fast unvermeidlich, daß jedes Familienmitglied, das der Depression zum Opfer fällt, seine Gedanken zum Selbstmord wandern läßt. Vielleicht wird er oder sie sich diesem Gedanken widersetzen, vielleicht beschließt der Betreffende, auf gar keinen Fall dem Beispiel des unglücklichen Verwandten zu folgen. Furcht und Faszination jedoch zieht seine Gedanken wieder an das, was in der Vergangenheit geschehen ist und was wieder geschehen könnte.

Bevor ich Schneidmans Märchen und Tatsachen verlasse, möchte ich noch meine eigenen hinzufügen.

Märchen: Tiefer religiöser Glaube macht Selbstmord unmöglich.
Tatsache: Die Verzweiflung und Hoffnungslosigkeit, die eine schwere depressive Krankheit begleitet, kann den Glauben erschüttern. Gläubige Patienten haben mir in die Augen

geblickt und haben mir verzweifelnd gesagt: „Mein Glaube ist verschwunden." Unser Körper und Gehirn ist so anfällig für winzige chemische Veränderungen, und das Gleichgewicht zwischen Wahnsinn und Gesundheit ist so leicht zu verändern, daß die stärksten Christen Opfer einer zum Selbstmord neigenden Verzweiflung werden können.

Zu einer solchen Zeit brauchen sie nicht Glauben, sondern den Dienst eines ausgebildeten Seelsorgers, der über sie wacht, bis das richtige Gleichgewicht ihres Gemütes wiederhergestellt und damit auch der Glaube wiederhergestellt ist.

Teil IV

Wie man mit Depressionen und Selbstmord fertig wird

9. Mit Selbstmord fertigwerden

„Und seine (Hiob's) Frau sprach zu ihm: Hältst du noch fest an deiner Frömmigkeit? Sage Gott ab und stirb! Er aber sprach zu ihr: Du redest, wie die törichten Weiber reden. Haben wir Gutes empfangen von Gott und sollten das Böse nicht auch annehmen? ... Und Hiob starb alt und lebenssatt."

Hiob 2, 9-10; 42, 17

Es ist eine Sache, Depressionszustände zu verstehen oder gar die Not eines depressiven Menschen mitzuempfinden. Doch es ist eine ganz andere Sache, diesem Menschen zu helfen.

Wie soll man mit selbstmordgefährdeten Personen umgehen? Ein wichtiger Schritt ist sicher die Einschätzung des Selbstmordrisikos. Deshalb möchte ich kurz noch einmal die Faktoren zusammenfassen, die wir im letzten Kapitel analysiert haben.

DIE EINSCHÄTZUNG VON SELBSTMORDSITUATIONEN

Alter. Trotz des Trends der letzten Jahre ist es immer noch so, daß bei älteren Personen das Risiko eines erfolgreichen Selbstmords größer ist.
Geschlecht. Es gelingt Männern häufiger, sich zu töten, als Frauen.
Isolation. Je einsamer die selbstmordanfällige Person, desto größer ist das Selbstmordrisiko. Erwachsene mit Kindern oder Personen, die von Familienangehörigen und Freunden umgeben sind, begehen nicht so leicht Selbstmord.
Körperliche und geistige Gesundheit. Bei Personen, die an einer ernsthaft schwächenden Krankheit, an Depression oder Schizophrenie leiden, besteht ein höheres Risiko.
Familiengeschichte. Bei Personen, deren Freunde und enge Verwandte Selbstmord begangen haben, besteht ebenfalls ein höheres Risiko.
Drogen und Alkohol. Alkohol enthemmt. Im Rausch tun Menschen oft Dinge, die sie nicht zu tun wagen, wenn sie nüchtern sind – das gilt auch für den Selbstmord.

Verfügbarkeit von Mitteln. Je einfacher es für selbstmordgefährdete Personen ist, an die entsprechenden Mittel heranzukommen, um so größer ist das Risiko, daß sie sich ihrer bedienen werden.

Eine selbstmordanfällige Person richtet sich natürlich nicht nach der Statistik. Es gibt Personen, bei denen eine „hohe Selbstmordgefahr" besteht, doch sie nehmen sich vielleicht nie das Leben. Und dann gibt es Personen, bei denen das Risiko als gering eingeschätzt wird, und sie bringen sich um. Menschliche Handlungen lassen sich nicht mit Gewißheit vorhersagen, darum sollten Freunde und Verwandte von Depressiven aufmerksam und sensibel sein. Auch wenn es schwierig ist, genau vorherzusagen, wer einen Selbstmordversuch unternehmen wird, ist es doch nötig, zumindest vage abzuschätzen, bei wem das Risiko am höchsten ist. Ein älterer Witwer, der seit Monaten schlecht gegessen und geschlafen hat, der vor kurzem angefangen hat zu trinken, der allein lebt und kinderlos ist und dem vor ein paar Wochen mitgeteilt wurde, daß er Krebs hat, steht dem Gedanken an Selbstmord sicher näher, als eine dreißigjährige Frau, die eine Überdosis an Valium genommen hat, weil ihr Mann sie und die Kinder zum dritten Mal verlassen hat.

Die verläßlichsten Anzeichen für Selbstmordabsichten liegen in dem, was eine Person sagt und wie sie es sagt. Wenn ihnen jemand mit leiser Stimme sagt, daß es keine Hoffnung und keinen Ausweg mehr gibt oder daß er sich nach Frieden sehnt, dann müssen sie diesen Menschen sehr ernst nehmen. Wenn jemand sehr viel Klamauk macht und mit Selbstmord droht, damit andere sich nach seinen Wünschen richten, dann müssen sie ihn zwar auch ernst nehmen, aber doch nicht ganz so ernst.

DER UMGANG MIT SELBSTMORD-PATIENTEN

In meiner Sprechstunde sprach ich mit einer 35jährigen Sekretärin (Monika), alleinstehende Mutter zweier Jungen (ein schwieriger Vierzehnjähriger, der andere neun Jahre alt). Monika war mir drei Monate lang aus dem Weg gegangen. Zu Anfang des Gespräches verhielt sie sich recht zurückhaltend und ließ mich wissen, daß sie nur drei Stunden pro Nacht schlief und bis zum Morgen darüber nachdachte, wie es wohl wäre, zu sterben.

Es war recht schwierig für mich herauszufinden, was hinter der ruhigen Fassade lag. Sie fürchtete sich davor, ins Krankenhaus eingeliefert zu werden und hatte Angst vor meiner Reaktion auf das, was sie mir sagte. Sie war eine gläubige Frau, und schließlich sagte sie:

„Ich habe lange darüber nachgedacht, wie es wäre, äh, allem ein Ende zu machen..." dann, nach einem tiefen Seufzer, „... und mir erscheint es nicht so böse, wie es immer dargestellt wird."

„Wie würden Sie es tun?"

Meine Gedanken wanderten. Monika war nicht zu dummen Spielen geneigt; doch ich wußte auch, daß sie mir nie die ganze Wahrheit sagte und stets abschätzte, wieviel sie mir sagen konnte, ohne ins Krankenhaus zu müssen. Diesmal wich sie meiner Frage aus.

„Ich bemühe mich wirklich. Ich bin jetzt nicht mehr so schlimm wie vor einer Woche."

Monika wollte damit sagen, daß sie gegen die Depression ankämpfte und damit etwas Erfolg hatte.

Die Sprechstunde ging weiter. Ich versuchte mindestens fünfmal, ihre defensive Haltung zu durchdringen, aber ohne Erfolg.

„Ich möchte, daß es friedlich sein wird", sagte sie schließlich.

„Pillen?"

Sie sagte nichts.

„Was haben Sie denn im Haus?"

„Dalman"

Ich atmete auf. „Wie viele?"

„Etwa einhundert."

Sie weinte sanft, als wir über ihre Elektroschockbehandlung sprachen. Ich hatte ihr oft antidepressive Medikamente verschrieben, ohne Erfolg. Die Elektroschockbehandlung jedoch hatte einige Veränderungen bewirkt. Frustriert sagte sie: „Ich komme hierher und vertraue Ihnen, und Sie, Sie treiben mich in eine Ecke."

„Meinen Sie, daß ich Sie bestrafe?"

„Ja, ich habe das immer schon bei der Elektroschockbehandlung empfunden. Und ich strenge mich doch so an!"

Meine Versuche, sie zu beruhigen, blieben erfolglos. Die Schande, in die psychiatrische Station eines Krankenhauses eingeliefert zu werden, und ihre Furcht vor der Elektroschockbehandlung, die sie bereits zweimal durchgemacht hatte, führten dazu, daß sie sich innerlich wie eine Schnecke in ihr Schneckenhaus zurückzog.

„Ich werde Sie ins Krankenhaus einweisen."

Sie sammelte ihre verbleibenden Kräfte. Müdigkeit und Furcht spiegelten sich auf ihrem Gesicht wieder. „Nein, Dr. White, bitte tun Sie das nicht. Bitte, *bitte,* tun Sie das nicht. Ich könnte das nicht ertragen. Wenn mir das je geschehen würde ... Ich werde Sie in einer Woche wieder besuchen. Ich verspreche Ihnen, daß ich nichts anstellen werde."

Ich fühlte mich bedrängt. Mein Gewissen sagte mir, daß ich ihr nicht nachgeben dürfte. Trotzdem fühlte ich, daß ich weich wurde.

„Wie würden Sie den Tod empfinden?" fragte ich sie schließlich.

„Ich werde so müde. Es scheint alles kein Ende zu haben."

Nach einer langen Pause fragte ich: „Frieden?"

Sie nickte langsam. „Ja, das ist es. Frieden."

Wir beteten zusammen. Ich kann mich nicht an ihr Gebet erinnern. Wahrscheinlich grübelte ich über meine Verantwortung, während sie betete.

Nachdem sie gegangen war, blieb meine Unsicherheit. Ich kenne sie gut, und ich hoffe, daß mein Gefühl, daß sie vor der nächsten Sprechstunde nichts anstellen wird, richtig ist. Aber ich kann mir nicht völlig sicher sein. Nervös rechnete ich mir die Überlebenschancen nach einer Überdosis von einhundert Dalman-Tabletten aus. Ich rief ihren Pastor an (wir arbeiten zusammen, wie Monika weiß) und sprach mit einem Kollegen, der sie fast genauso gut kannte wie ich. Aber trotzdem werde ich die nächsten sechs Nächte nicht gut schlafen.

Selbst im Krankenhaus ist es schwierig, eine wirklich entschlossene Person am Selbstmord zu hindern. In manchen Krankenhäusern gibt es eine Regel, derzufolge alle Gürtel, Krawatten, Schuhbänder, Rasierklingen, Nagelfeilen etc. von dem Patienten ferngehalten werden. Solche Vorsichtsmaßnahmen, so wichtig sie sind, können auf die betroffene Person jedoch sehr demütigend wirken, zumal ihre Selbstachtung sowieso schon stark beeinträchtigt ist. Es ist sicher ein Akt der Güte, die Würde einer suiziden gefährdeten Person zu bewahren und solche Vorsichtsmaßnahmen auf ein Mindestmaß zu beschränken.

Takt, Verständnis, Offenheit und Höflichkeit kann selbstmordgefährdeten Menschen viel bedeuten. Darum ist es besser, offen über die Situation zu reden und ein gewisses Vertrauensverhältnis zu schaffen. Unsere Ängste und unser Diensteifer unterstützen die Isolation von Patienten, die bereits von Einsamkeit umgeben sind.

Wir schaffen dadurch natürlich zwei getrennte Gruppen; diejenigen, die Angst haben, und diejenigen, deren Hang zum Selbstmord Angst erweckt. Doch unsere Furcht muß durch Wärme und Verständnis ersetzt werden.

Die Behandlung selbstmordgefährdeter Personen wird von dem Wesen und dem Grad der Krankheit abhängen. Wenn ein Patient, der unter Depression leidet, einem besonders hohen Risiko ausgesetzt ist, dann ist die sicherste und schnellste Methode die Elektroschockbehandlung. Die damit verbundenen Vor- und Nachteile werden im nächsten Kapitel diskutiert. Wenn solche Patienten sich vollends erholt haben, können sie kaum glauben, daß die alptraumhafte Versuchung für sie so anziehend war. Sie versuchen das Ganze aus ihrem Bewußtsein zu bannen.

Um es noch einmal klar zu sagen: die beste Methode, den Selbstmord zu verhindern, ist die sofortige und energische Behandlung der depressiven Krankheit. Doch zur Verhinderung zukünftiger Selbstmorde gehört auch die Ermunterung, im frühen Stadium einer beginnenden Depression Hilfe zu suchen und in manchen Fällen regelmäßig einen kompetenten Fachmann zu konsultieren.

Tausende von Menschen, die sich zu einem bestimmten Zeitpunkt ihres Lebens umbringen wollten, sind heute sehr froh, daß sie gerettet wurden. Ich sehe die Dankbarkeit solcher Menschen jeden Tag, und ich bin froh, daß das Gesetz es mir gestattet, solche Menschen mit Zwang am Selbstmord zu hindern. Ich möchte Sie ernsthaft bitten, jeden Freund oder Verwandten, der an Depression leidet und vom Selbstmord gesprochen hat, zu ermutigen, Hilfe bei einem ausgebildeten Seelsorger, Sozialarbeiter, Psychologen oder Psychiater zu suchen. Wenn Ihre Versuche nicht erfolgreich sein sollten, dann unternehmen Sie, was in Ihren Kräften steht, den Kranken zu einer Behandlung zu zwingen.

Es gibt jedoch auch suizidgefährdete Menschen, die nicht an Depression leiden. Wie kann ihnen geholfen werden? Diese Frage ist wichtig, denn wissenschaftliche Untersuchungen und klinische Erfahrung lehren uns, daß viele Personen nach ihrem ersten weitere Selbstmordversuche unternehmen. Wenn man mit solchen Personen redet, stellt man fest, daß sie eine seltsame emotionale Loslösung von ihrem Erlebnis in der Nähe des Todes aufweisen. Sie sind vielleicht dankbar, am Leben zu sein, aber über ihre Gefühle vor dem Selbstmordversuch sind sie sich unklar. Die furchtbaren Erinnerungen an ihre Gefühle und ihr Verhalten haben sie sorgfältig unterdrückt.

Eine Methode der Behandlung von Patienten, die einen Selbstmordversuch begangen haben, wurde von Reznik und seinen Mitarbeitern entwickelt. Mit einer Videokamera hielten sie die Worte, Gesichtsausdrücke und anfänglichen Reaktionen der Patienten nach einem mißglückten Selbstmord fest. Als den Patienten später die Videoaufnahme gezeigt wurde, reagierten sie mit Zorn und versuchten vergeblich, die Realität dessen, was sie sahen, zu leugnen. Ihr Zorn richtete sich dann zunächst gegen den Therapeuten, später jedoch begannen sie, die Realität dessen, was geschehen war, zu akzeptieren, und erhielten somit einen wichtigen Einblick in ihre Probleme. Ob diese Methode wirksam zur Verhinderung zukünftiger Selbstmorde beiträgt, wird sich in Zukunft herausstellen.

Wie soll sich nun ein (ausgebildeter oder nicht ausgebildeter) Seelsorger verhalten, der mit jemandem zu tun hat, der selbstmordgefährdet ist und vielleicht die Selbstmorddrohung als moralische Erpressung benutzt? Wie kann man sicher sein, daß es wirklich nur eine Drohung ist? Die erste Regel ist vielleicht: Wenn Sie sich nicht sicher sind, diskutieren Sie das Problem mit jemandem, der mehr Erfahrung hat, und lassen Sie sich nie in die Situation bringen, daß Sie versprechen, „mit niemandem darüber zu reden".

Suizidgefährdete lassen sich in zwei allgemeine Gruppen einteilen: Es gibt Menschen, die leicht über Selbstmord reden, um damit zu drohen, um ihren eigenen Willen durchzusetzen, um die Zuneigung eines anderen Menschen zu erzwingen oder einfach nur Mitgefühl zu erwecken. Die Gefahr im Umgang mit solchen Personen ist, daß sie in uns Aggressionen erwecken können, so daß wir in einem Ausbruch des Zorns sagen: „Dann tu's doch!" und sie somit zur Erfüllung ihrer Drohung treiben.

Andere reden nicht viel. In Ihrem Fall ist es wichtig, daß Sie Ihre eigene Verlegenheit in bezug auf dieses unangenehme Thema überwinden und *fragen* müssen. Vielleicht hat Ihr Freund noch nicht einmal eine Andeutung auf Selbstmord gemacht, er hat Ihnen nur gesagt, wie niedergeschlagen er sich fühlt, so daß Sie eine echte Depression vermuten. Überwinden Sie trotzdem Ihr Zögern und fragen Sie! Sagen Sie zu Ihrem Freund oder Bekannten: „Haben Sie je daran gedacht, sich etwas anzutun?" oder: „Haben Sie je an Selbstmord gedacht?" Die Antwort wird sofort kommen. Entweder lautet sie: „Oh *nein,* Nein, Nein. Sowas würde ich nie tun. Auf gar keinen Fall!" Oder die Antwort heißt: „Ja, ich muß das schon zugeben." Ob Sie es glauben oder nicht, Ihr Freund wird fast immer froh sein, mit Ihnen über das zu reden, was für ihn zu einer untragbaren Last geworden ist.

Dann müssen Sie weiterfragen: „Haben Sie nur darüber nachgedacht, oder haben Sie bereits konkrete Pläne geschmiedet? Wie ernst sind Ihre Gedanken?" Reden Sie nicht in Andeutungen um den heißen Brei herum. Jetzt sind direkte Fragen am Platz, und in neun von zehn Fällen werden Sie direkte Antworten bekommen. Je direkter die Antwort, um so ernster müssen Sie sie nehmen.

Sollte die Antwort lauten: „Nun, genau geplant habe ich das noch nicht, aber ich denke viel darüber nach", müssen Sie fragen: „Wie haben Sie sich vorgestellt, daß Sie es tun werden?" Wenn Ihr Freund sagt: „Tabletten", müssen Ihre nächsten beiden Fragen lauten: „Haben Sie welche?" und „Was für Tabletten, und wie viele haben Sie?" Vergessen Sie nicht, daß die gleichen Tabletten, die eine Depression erleichtern können, auch töten können. Der Arzt, der sie verschreibt, sollte sich immer des Selbstmordrisikos bewußt sein.

Wenn es sich um eine Pistole oder ein Gewehr handelt, müssen Sie fragen: „Wo ist Ihre Pistole? Haben Sie die nötige Munition?" Erhängen und Ertränken sind schwierigere Themen, aber Sie müssen unnachgiebig fragen. Warum? Nur so werden Sie wissen, inwieweit Ihr Freund die Einzelheiten durchdacht hat und ob die nötigen Mittel zum Selbstmord vorhanden sind. Gibt es ein Seil? Wo würde sich Ihr Freund erhängen? Gibt es einen Fluß? Eine Brücke? Hat er Zugang zu einem Fenster, aus dem er springen könnte?

Anders ist es bei einer Person, die andere mit ihren Selbstmorddrohungen manipulieren und quälen will oder die Andeutungen macht, ohne konkrete Fragen zu beantworten. In diesem Fall sind Sie der Versuchung ausgesetzt, mit Zorn zu reagieren, vor allem, wenn die Drohungen öfters geäußert werden. Lassen Sie sich nie dazu hinreißen zu sagen: „Dann tun Sie's doch!" Es kann sein, daß die Person es dann tut, ohne eigentlich sterben zu wollen. Leute, die mit dem Tod spielen, machen manchmal Fehler. Sie verrechnen sich. Es ist deshalb besser, auf Nummer sicher zu gehen und zu demjenigen, der mit dem Selbstmord spielt, zu sagen: „Wissen Sie, wenn Sie wirklich Selbstmord begehen wollen, dann kann ich Sie vielleicht nicht daran hindern, obwohl ich das gerne tun würde. Aber ich will nicht, daß Sie sich umbringen."

Manchmal hatte ich mit Patienten zu tun, die drohten: „Wenn Sie nicht tun, was ich sage, dann werde ich mich umbringen. Ich meine das ernst. Ich werde es wirklich tun." Bei diesen Patienten weiß ich, daß ich zwei Punkte ganz klarstellen muß. Das erste ist, daß ich mich nie mit einer Selbstmorddrohung erpressen lasse. Gleichzeitig muß ich meine Patienten warnen, daß das Spiel mit dem Selbstmord gefährlich ist, daß sie genauso wie ich Verantwortung für ihr Leben tragen und daß der Tod meines Patienten das letzte ist, was ich mir wünsche.

DIE VERHINDERUNG DES SELBSTMORDS

Großbritannien ist das einzige westliche Land, in dem die Selbstmordrate seit Jahren ständig sinkt. Warum? Was ist der Unterschied zwischen Großbritannien und anderen Industrienationen? Werden Gefühlskrankheiten dort besser behandelt? Geht man dort besser mit Selbstmordgefährdeten um? Oder waren die „Samariter", eine Hilfsorganisation für Selbstmordgefährdete, der Schlüssel für diese Veränderung?

Im Jahre 1976 wies Dr. C. R. Bagley die Fachleute auf die Bemühungen der „Samariter" hin. Bagley hatte die Veränderungen in der Selbstmordrate in 15 Gemeinden in Großbritannien verglichen. Dort, wo die „Samariter" eine gut funktionierende Organisation hatten, ergab sich aus Bagleys Berechnungen eine bemerkenswerte Senkung der Selbstmordrate im Vergleich zu Gemeinden, in denen diese Organisation nicht arbeitete.

Diese Untersuchung ermutigte die „Samariter" und erregte breites Interesse. Das Ergebnis war so erstaunlich, daß Dr. B. M. Barraclough und seine Mitarbeiter den Versuch mit exakteren Methoden zu wiederholen versuchten. Sie studierten drei weitere „Samariterstädte" und sorgfältig ausgewählte Städte ohne Samariter zum Vergleich. Zu ihrer Enttäuschung konnte das Team keinen bedeutenden Unterschied zwischen den Selbstmordraten und -trends der beiden Städtegruppen feststellen.

Epidemologische Untersuchungen sind derart komplex, daß ich es nicht wagen will, den Unterschied zwischen den beiden Ergebnissen zu erklären. Bagley gab in seinem Kommentar zu Barracloughs Ergebnissen zu: „Ich bin der Meinung, daß die methodologischen Schwierigkeiten zur Abschätzung der Wirkung von

„Samariter-Gruppen" mittels der Selbstmordrate zu groß sind, als daß man zu gültigen Schlüssen gelangen könnte. Die „Samariter" tragen vielleicht wirkungsvoll zur Senkung von Selbstmordraten bei, aber es ist nicht möglich, das unter Beweis zu stellen."

Trotzdem sind die britischen Selbstmordraten gesunken. Wenn die „Samariter" nicht dafür verantwortlich sind, was dann? Psychiater würden gerne glauben, daß sie Geisteskrankheit besser behandeln, deren Auftreten in Beziehung zur Selbstmordrate steht. Notpersonal und Krankenwagenfahrer würden gerne glauben, daß die Senkung auf ihre effektiven Rettungsbemühungen zurückzuführen sind.

Unglücklicherweise gibt es einen viel einfacheren Grund – unglücklicherweise, weil er sich nicht auf andere Länder übertragen läßt. In England gibt es wie in jeder anderen Nation eine bevorzugte Selbstmordmethode. Briten begingen generationenlang Selbstmord, indem sie ihren Kopf in den Gasofen steckten und den Gashahn aufdrehten. Das Gas, das in Großbritannien verwendet wurde, war Kohlengas mit einem hohen Kohlenmonoxidgehalt. Der dadurch erzeugte Tod war ruhig und schmerzlos. Obwohl in diesem Land auch andere Selbstmordmethoden verwendet wurden, hat kaum eine andere Nation so viele „Gasofenselbstmorde".

Doch angesichts der Gefahren des Kohlengases entschlossen sich die Behörden im Laufe der Zeit, immer mehr zu weniger giftigem Erdgas zu wechseln und gleichzeitig den Kohlenmonoxidgehalt des Kohlengases zu reduzieren, bis er im Jahre 1971 weniger als 2 % betrug. In einem Bericht aus dem Jahr 1974 über Selbstmord in Großbritannien zeigt Dr. James Brown, daß die Zahl der Selbstmordversuche ähnlich wie in anderen Industrieländern gestiegen ist. Er zitiert auch eine Untersuchung von Kreitman, der beweist, daß die Senkung der Selbstmordrate parallel zur progressiven Reduzierung des Kohlenmonoxids im Kohlengas verläuft. Wir können aus diesem „britischen Fall" einiges lernen. Ohne Zweifel sinkt die Selbstmordrate, wenn der Zugang zu giftigen Stoffen erschwert wird. Drogen, Tabletten und Schußwaffen sollten dadurch der breiten Öffentlichkeit nur bedingt zugänglich gemacht werden.

Doch sicher kann es auch nicht schaden, Selbstmord- und Krisenzentren zu gründen. Viele Leute, die an Selbstmord denken, sind einsam und verzweifelt. Ein Telefongespräch kann zwischen

Leben und Tod entscheiden, zumindest vorläufig. Ein Freund, der zuhört und mitträgt, der zum Aufsuchen eines Arztes rät, ist vielleicht der Wendepunkt vom Tod zum Leben. Wer sollte mehr gewillt sein, den Einsamen und Verzweifelten zu helfen, als die Gemeinde Christi?

10. Psychotherapie

Im September 1964 schrieb Martyn Lloyd-Jones in seinem Buch „Geistliche Depression": „In verschiedenen Beispielen hätte ich mich gerne mit dem Problem ausführlicher beschäftigt." Lloyd - Jones stellte klar, daß geistliche Depression eine körperliche Ursache haben kann. „Vertritt jemand die Anschauung, daß einem Christen der Zustand seines Körpers nichts ausmacht? ... Temperament scheint bis zu gewissem Grad von dem Zustand des Körpers kontrolliert zu sein." Zwei Umstände hinderten Lloyd-Jones daran, dieser Frage weiter nachzugehen. Der eine war, daß sein Buch eine Sammlung von Predigten und keine psychologische Abhandlung sein sollte. Der andere war, daß sein Buch nicht für „Experten", sondern für „jedermann" gedacht war.

Es ist ein großes Wagnis für mich, das zu versuchen, wovor sich andere mit größerem Wissen und Weisheit gescheut haben, wenn man William Bridge (Alifting up for the Downcast) liest, könnte man zu einem Schluß kommen, daß alle Depression „geistlicher Natur" ist, d.h. daß sie nicht auf körperliche Probleme zurückzuführen ist und daß es für sie nur „geistliche" Heilmittel gibt. Wenn man mein Buch mit seiner Betonung auf physische Vorgänge liest, könnte man dem umgekehrten Irrtum verfallen. Ich werde deshalb auch einige der Gedankengänge entwickeln, die bei Bridge und Lloyd-Jones von großer Bedeutung sind.

Ich habe die äußerst schwierige Aufgabe in Angriff genommen, dem „Mann auf der Straße" zu einem besseren Verständnis des Verhältnisses zwischen unseren Körpern und dem nicht-körperlichen Teil unseres Seins zu verhelfen. Dabei verwende ich das Wort *Gemüt* nicht in dem engen Sinn, in dem es in der Bibel vorkommt. Ich schreibe nicht nur als Christ, sondern auch als Psychiater. Moderne Lehrbücher der Sozialwissenschaften schließen Aspekte unseres Seins mit ein (wie Gefühl und Willen), die gewöhnlich nicht zu dem biblischen Begriff gehören. Damit will ich keineswegs der Schrift gegenüber respektlos sein, sondern vielmehr in einer Sprache reden, die wir verstehen. Ich muß mich in diesem Zusammenhang auch mit dem kartesischen Dualismus und dem, was allgemeinhin die Leib-Seele-Dichotomie genannt wird, auseinandersetzen – eine Einteilung, die zu viel Verwirrung in den Humanwissenschaften geführt hat.

Zwei Punkte müssen wir uns vor Augen halten: Ganz gleich, wie bedeutsam körperliche „Ursachen" für einige Depressionen sein mögen, ein Verständnis der Schrift und eine Hoffnung auf den Gott der Schrift sind von höchster Bedeutung. Zweitens halte ich es für wichtig, daß wir vorsichtig sind mit der Verurteilung von Männern und Frauen, die mit der Last der Depression kämpfen. Wir sollten uns vor leichtfertigen und falschen Erklärungen ihres Zustandes hüten. Wie ich bereits erwähnte, haben die gottesfürchtigsten Männer und Frauen tiefe Depressionen erlebt. David, Jeremia, Bunyon, Luther, Spurgeon und viele andere sind ihre Opfer gewesen. Selbst des Menschen Sohn seufzte einst: „Meine Seele ist betrübt bis an den Tod, bleibet hier und wachet!" (Markus 14: 34).

Mein Ziel ist es, die verschiedenen Standpunkte zur Beurteilung von Geisteskrankheiten zu vereinigen. Weil Ärzte, Psychologen und Seelsorger ihr Brot durch die Behandlung der Depression verdienen, ist es verständlich, daß die Zusammenarbeit oft nicht klappt. Geld, Macht und Prestige ist uns allen wichtig, ganz gleich, wie sehr wir es leugnen, und diejenigen, die keine medizinische Ausbildung und Anerkennung haben, sind Ärzten und Psychiatern gegenüber besonders skeptisch. Selbst wenn Geld, Macht und Prestige uns nichts bedeuten würden, entstünden unterschiedliche Standpunkte durch unsere verschiedenen Erfahrungen und Ausbildungen. Deshalb ist niemand unvoreingenommen. Trotzdem kann ich sagen, daß es zu den schönsten Erlebnissen meines Lebens gehört, wenn ich zusehen kann, wie hängende Schultern sich aufrichten, müde Augen anfangen zu leuchten, erschöpfte Glieder eine neue Stärke erlangen, und meine depressiven Patienten in freudiges Lachen ausbrechen. Ich danke dem Herrn für meinen Beruf und hoffe, daß andere Fachleute meine Voreingenommenheiten entschuldigen werden.

Das Problem besteht zum Teil darin, daß wir verschiedene Arten von depressiven Menschen treffen. Ich habe als Psychiater in Krankenhäusern praktiziert: Drei Jahre in einem Provinzkrankenhaus, und dreizehn Jahre in den Abteilungen für Psychiatrie in großen Stadtkrankenhäusern.

Zu den depressiven Personen, die ich behandelte, gehören viele, die mir von anderen Fachleuten überwiesen wurden. Viele, wenn nicht gar die meisten von ihnen gehören in die Kategorie schwer kranker Patienten. Das mag eine Begründung dafür sein, daß pharmazeutische und mechanische Komponenten eine wichtige Rolle bei der Behandlung spielen. Tatsächlich würde ich sagen, daß je schwerer eine bestimmte depressive Krankheit ist, desto wichtiger ist die medizinische Behandlung der körperlichen Störungen. Andere Elemente sind sicherlich auch wertvoll (Psychotherapie, Seelsorge, Verhaltenstherapie). Menschen sind keine Maschinen, und als Helfer müssen wir demütig genug sein, um voneinander zu lernen. Trotzdem bin ich der Überzeugung, daß Depressionen ein ganzes Spektrum von Störungen umfassen, und daß bestimmte Behandlungsmethoden bei einer Krankheit an einem Punkt des Spektrums wirkungsvoller sind als andere. Die Methoden, die wir anwenden, überschneiden sich, und das ist gut so; aber keine von ihnen erstreckt sich über das gesamte Spektrum.

MEHR ÜBER DAS GEMÜT DES MENSCHEN

Lassen Sie mich einige Punkte, die ich bereits in einem früheren Kapitel diskutiert habe, noch einmal kurz zusammenfassen.

Wenn wir den wesentlichen Charakter der menschlichen Natur nicht begreifen, werden wir Schwierigkeiten haben, das Wesen der „Geisteskrankheit" zu verstehen. Das Modell, das ich vorgestellt habe (ein Modell, das das Gemüt als eine Gruppe körperlicher Funktionen begreift), scheint nicht im Widerspruch zur Schrift zu stehen. Kein Modell kann dem komplizierten Wunder der menschlichen Natur voll Genüge tun. Wenn mein Modell nützlich sein soll, müssen wir begreifen, daß es Wechselwirkungen zwischen Körper, Gehirn und Gemüt gibt. Darum ist der richtige Ansatz zur Behandlung von geistigen Störungen in vielen Fällen eine Kombination der Einflußnahme auf diese verschiedenen Bereiche. Gegenwärtige psychiatrische Praxis scheint das zu bestätigen.

Unser Problem ergibt sich zum Teil daraus, daß wir die Wirklichkeit in einem raumzeitlichen Rahmen zu erfassen suchen. Wie sehr wir uns auch bemühen, wir können dem Denken in solchen Konzepten nicht entrinnen. Wir stellen uns den Geist zum Beispiel als raum-einnehmend vor, unsichtbar und gespensterhaft, der irgendwo in uns schwebt. Unsere Vorstellung vom Gemüt ist vielleicht noch nebelhafter; trotzdem stellen wir uns vor, daß es auf eine bisher noch mysteriöse Weise einen Raum einnimmt. Wenn wir jedoch dualistisches Denken überwinden und akzeptieren, daß körperliche Funktionen genauso real sind wie der physische Körper, dann ist es einfacher zu begreifen, wie psychologische Behandlung physiologische Gegebenheiten beeinflussen kann und umgekehrt. Funktion ist ein realer Aspekt der Anatomie, genauso wie die Musik ein realer Aspekt der niedergeschriebenen Symphonie ist, wobei der große Unterschied darin besteht, daß die Musik die Symphonie nicht ändern kann, während das Gemüt ohne Zweifel körperliche Veränderungen hervorrufen kann.

Aus diesem Modell ergeben sich weitere Fragen. Sowohl die jüdischen als auch die christlichen Schriften sprechen von der Unsterblichkeit des Menschen. Das Leben nach dem Tode ist ihnen zufolge nicht nur nebelhaft und geisterhaft, sondern es ist eine körperliche Existenz. Ich weiß nicht, ob durch den Tod das Gemüt vorübergehend aufhört zu existieren, aber ich vermute, daß das Problem mit der Beziehung zwischen Zeit und Ewigkeit zusammenhängt.

Viel von dem, was Christen über Depression geschrieben haben, ist eine pseudowissenschaftliche Rechtfertigung einer eigenen Theorie der Depression. Solche Schriften sind nicht wirklich biblisch, sondern eine Simplifizierung oder eine Verdrehung biblischer Wahrheit.

Ich möchte deshalb allen Seelsorgern, Therapeuten oder Ärzten dringend raten, ihren Verstand nicht gegenüber Konzepten zu verschließen, die ihre eigenen Positionen bedrohen. Laßt uns offen und demütig sein, sonst wird sich unser Verständnis nie erweitern. Wenn wir nicht dazulernen, werden unsere Patienten und Klienten den Preis für unseren Stolz zahlen.

Wir wissen jetzt genug über den Verlauf von Depressionen, um zu erkennen, daß sie im Anfangsstadium sehr verschieden sein können. Im weiteren Verlauf der Krankheit wird sie jedoch anderen Depressionen immer ähnlicher. Wie Nebenflüsse, deren Quellen hunderte von Kilometern entfernt sind, in einen großen Strom zusammenfließen, so ähneln sich die Depressionen, die auf völlig verschiedene Weise entstanden sind, immer mehr. Je schwerer die Depression, umso besser läßt sie sich mit physischen Methoden behandeln (antidepressive Medikamente und Elektroschockbehandlung).

Die erste Stufe in der Bemühung, der an Depression leidenden Person zu helfen, besteht darin, sich über die Art und Schwere der

Krankheit ein genaues Bild zu machen. Ganz gleich, welchen persönlichen Stil man im Umgang mit Patienten pflegt, man muß auf jeden Fall genaue Informationen über die Krankheit bekommen. Der Ursprung des Zustandes und seine möglichen Ursachen müssen besprochen werden. Die Symptome und Anzeichen, die in Kapitel fünf beschrieben worden sind, müssen untersucht werden. Hinzu kommt die Beurteilung der Selbstmordabsichten, die Überprüfung hypothamalischer Zeichen, Erkundung der Familiengeschichte, Klärung des allgemeinen Gesundheitszustandes des Patienten und Einschätzung der Hinweise von Freunden und Verwandten des Leidenden. Das Bild, das sich aus einer solchen Untersuchung ergibt, bestimmt die Wahl der Behandlungsmethoden.

PSYCHOTHERAPIE

Der vielleicht bekannteste Psychiater, der die Bedeutung der Psychotherapie vertritt, ist Silvano Arieti, ein anerkannter Dozent, Autor und Psychonalytiker von internationalem Ruf. 1978 verteidigte er Psychotherapie zur Behandlung tiefer Depression: „In mehr als dreißig Jahren klinischer Erfahrung mit Depression ist mir nie ein Fall vorgekommen, von dem ich hätte sagen können, daß kein psychologischer Faktor mit im Spiel war". Er fährt fort mit der Beschreibung dessen, was er als das fundamentale psychologische Problem ansieht.

Es ist schwer, Arietis Position einzuordnen, die irgendwo zwischen klassischer Psychoanalyse und kognitiver Therapie zu liegen scheint. Arieti meint, daß „die kognitive Basis des Zustands unterdrückt wird, aber das Gefühl des Schmerzes wird intensiv im Bewußtsein empfunden." Er meint, daß der Therapeut die traditionelle Form der Psychoanalyse meiden muß, in der der Patient auf einem Sofa liegt und „frei Assoziationen knüpft". Stattdessen muß er ganz bestimmt optimistisch sein. Die zeitaufwendige Therapie besteht darin, immer wieder die Lebensgeschichte des Patienten zu durchleuchten und ursprüngliche „psychogenetische Mechanismen" und „Lebensmuster" mit der Art und Weise in Beziehung setzen, in der der Patient gegenwärtig mit seinen Problemen fertig wird.

Mehrere Aspekte in Arietis Artikel bereiten mir Kopfzerbrechen. Ich habe den Eindruck, daß er in Antwort auf eine Person geschrieben wurde, den er „einen prominenten Psychiater und Führer im Kampf gegen Depression" nennt (Nathan Kline, auch ein Psychoanalytiker) und dessen populäres Buch die Bedeutung physiologischer Mechanismen hervorhebt.

Arieti spricht von seinen „dreißig Jahren Erfahrung" mit Depression, aber sein Artikel enthält weder eine statistische Analyse noch eine Beschreibung eines einzigen Falles. Stattdessen gibt er eine komplizierte Erklärung der Krankheit, ohne seine Anschauung durch irgendwelches Beweismaterial zu stützen, und schließt mit der Empfehlung für häufigere Therapiestunden (zwischen einer und drei pro Woche!) – ein Luxus, den sich nur die Reichen leisten können, zumal die mit öffentlichen Mitteln unterstützten Projekte solche Vorschläge aus wirtschaftlichen Gründen ablehnen. Es gibt nicht genug Therapeuten, um jedem Patienten soviel Zeit zu widmen, wie Arieti es vorschlägt. Arieti scheint den alten Dualismus zwischen Körper und Gemüt, Psyche und Soma aufrechtzuerhalten. Er erkennt jedoch den Wert von antidepressiven Drogen und Elektroschockbehandlung an und sieht keinen Grund, warum sie nicht mit seiner Form der Psychotherapie verbunden werden soll. Wir brauchen überzeugendere Argumente als die von Arieti, wenn wir seine These der Notwendigkeit der Psychotherapie für die Behandlung der Depression akzeptieren sollen.

Psychoanalytisch orientierte Psychotherapie ist jedoch weiterhin Gegenstand sorgfältiger Forschungen. Eine vor kurzem veröffentlichte Untersuchung versuchte herauszufinden, ob es möglich ist, vorherzusagen, welchen Patienten solche Psychotherapie helfen würde. Viele der 73 Patienten, an denen diese Untersuchung durchgeführt wurde, wiesen „substantielle Besserungen" auf (obwohl es nicht möglich war, festzustellen, ob die Besserung durch die Behandlung oder lediglich durch das Verstreichen der Zeit zustande kam).

Während die genaue Rolle der Psychotherapie in der Behandlung der Depression noch ungewiß ist, ergeben sich bereits einige Prinzipien. Erstens, es ist nie gelungen, überzeugende Beweise für die Therapie auf der Basis der Abraham-Freudschen Anschauung des retroflexiven Zorns zu finden.

Zweitens, die Formen der Psychotherapie, die Hoffnung bieten, sind anscheinend die folgenden:

1. Die Identifizierung des Kummers in den Gefühlen der Depression (im Unterschied zur Krankheit der Depression) nach einem Trauerfall.

2. Kognitive Therapie
3. Verhaltenstherapie, die darauf zugeschnitten ist, nichtdepressives Verhalten hervorzubringen.
4. Seelsorge
5. Einige körperliche Behandlungsformen, die wahrscheinlich bei den schweren Formen der Depression eher vonnöten sein werden, vor allem bei Patienten, deren Denkfähigkeit eingeschränkt ist.

KUMMER

Erfahrene Therapeuten wissen aus ihrem Umgang mit Klienten, die einen Trauerfall erlebt haben, daß milde Depressionen durch Kummer, den der Klient nicht verarbeitet hat, entstehen können. Man muß sich jedoch darüber im klaren sein, daß unverarbeiteter Kummer nicht das gleiche ist wie eine Depressionskrankheit. Die Freud-Abrahamsche Anschauung ist nicht völlig unrichtig, aber die Erleichterung des Leidens kommt nicht durch den Ausbruch des Zorns, sondern durch das Verständnis des Patienten, daß es durchaus normal ist, einem Verstorbenen gegenüber negative Gefühle zu empfinden.

Die Erkenntnis, daß Zorn nicht nur normal ist, sondern auch nicht im Widerspruch zur Liebe steht, kann Befreiung bringen. Manche, die eine geliebte Person verloren haben, sind unfähig, zu trauern, weil sie sich entweder davor fürchten, in sich selbst Ressentiments zu entdecken, oder weil sie den Kummer als Zeichen der Schwäche ansehen. Sie sollten dazu ermutigt werden, an gute Zeiten mit der verstorbenen Person zu denken, aber auch an die Konflikte. Nach dem Tod soll es keine unterdrückten Erinnerungen mehr geben.

Kummer besteht im Erinnern, darin, daß man sich erlaubt, sich zu erinnern, und an Erinnerungen zu leiden, die uns soviel bedeutet haben. Er besteht darin, daß man mit der Wirklichkeit fertig wird, mit der Wirklichkeit, daß die verstorbene Person menschlich war, Schwächen besaß und gleichzeitig liebenswerte Züge aufwies, die wir sehr schätzten und die wir vermissen werden. Dazu gehört auch die allmähliche Erkenntnis, daß ein Kapitel unseres Lebens abgeschlossen ist. Es ist ein Kapitel, das man sich ab und zu einmal wieder ansehen kann, das aber hauptsächlich der

Vergangenheit angehört. Wir können ein neues Kapitel nicht anfangen, ohne die Vergangenheit bewältigt zu haben.

Manche Trauernde fühlen sich verantwortlich für den Tod eines Menschen, den sie lieben. Ihr Glaube mag richtig oder verkehrt sein, aber ihre Furcht und Schuld hindert sie an normalem, gesundem Kummer. Gewöhnlich erleben sie eine Erleichterung, indem sie einfach ihre Furcht und Schuldgefühle mit einem sympathischen Zuhörer teilen und besprechen.

Einige Leute verschließen das Schlafzimmer der verstorbenen Person. Sie wollen den Schmerz vermeiden, Kleidung, Bücher und persönliche Belange sortieren zu müssen, die mit schmerzhaften Erinnerungen behaftet sind. Trotzdem ist das von wesentlicher Bedeutung, denn der Zweck des Kummers kann nicht erfüllt werden, bis das getan ist. Ich würde empfehlen, daß ein guter Freund oder ein Seelsorger das mit der trauernden Person tun sollte, gewöhnlich am Tag nach der Beerdigung.

Wir haben bereits gesehen, daß die Symptome normalen Kummers (häufiges Seufzen, Weinen, Verlust an Interesse für andere Dinge) bis zu zwei oder drei Monate lang anhalten können. Wir haben auch gesehen, daß manche Personen (entweder durch Vererbung oder Kummer in früher Kindheit) einem hohen Risiko von schwerer Depression nach dem Verlust einer geliebten Person ausgesetzt sind. Solche Personen brauchen bei der Aufgabe, mit ihrem Kummer fertig zu werden, mehr Hilfe.

Die meisten von uns würden wahrscheinlich als Patient oder Arzt eine psychotherapeutische Behandlung Medikamenten vorziehen. Mit Hilfe des Therapeuten falsche Denkgewohnheiten in Angriff zu nehmen und verzerrte Vorstellungen durch wirklichkeitsgetreuere zu ersetzen, scheint einer menschlichen Rationalität und Würde eher zu entsprechen als ein Eingriff in die Chemie unseres Gehirns. Es ist uns unangenehm, daran zu denken, daß wir vom elektrochemischen Funktionieren unseres Gehirns abhängig sind und daß wir unser Schicksal nicht völlig kontrollieren können. Wir dürfen Klienten und Patienten nicht auf dem Altar unserer Ideologie opfern. Es gibt Krankheiten, bei denen Patienten keinen Zugang zur Realität haben. Worte verlieren ihren Inhalt. Die einzige Wirklichkeit, die sie wahrnehmen können, ist die unwirkliche Realität ihres Wahns.

An einer vor kurzem durchgeführten Untersuchung nahmen 81 Patienten teil, die entweder an einer endogenen (oder biologischen Form) der Depression litten oder an reaktiven Depressionen (die von äußeren Umständen verursacht werden). Sie wurden wahllos in drei Behandlungsgruppen aufgeteilt. In der einen Gruppe wurden sie mit Psychotherapie behandelt. In der zweiten Gruppe wurden ihnen trizyklische antidepressive Drogen verabreicht. Patienten in der dritten Gruppe wurden mit beiden Methoden behandelt. In allen drei Gruppen befanden sich beide Arten von Patienten (reaktive und endogene). Die Ergebnisse zeigten, daß beide Arten von Patienten positiv auf die kombinierte Behandlung reagierten. Psychotherapie allein war bei endogenen Patienten nicht wirkungsvoll, während bei reaktiven Patienten antidepressive Medikamente und Psychotherapie gleich wirksam waren.

Anscheinend ist es nicht möglich, endogene von reaktiven Depressionen im voraus zu unterscheiden. Die begrenzte Verfügbarkeit von Zeit und Geld setzt der Psychotherapie auch Grenzen. Es wird nie genug ausgebildete Therapeuten geben, um allen Leidenden angemessen helfen zu können.

KOGNITIVE VERHALTENSTHERAPIE

George Kelly, Albert Ellis und Aaron Beck vertreten eine Form der Therapie, die Beck „kognitive Therapie" nennt und die wir bereits in Kapitel 6 diskutiert haben. Ihre Anschauungen unterscheiden sich an manchen Punkten, aber die zugrundeliegenden Voraussetzungen und das Ziel ihrer Behandlungsmethoden ist das gleiche. Ich werde mich hier mit Becks Anschauungen beschäftigen, weil sie bekannter sind und vielleicht durch bessere und neuere Untersuchungen belegt sind als die der anderen Autoren. Meiner Ansicht nach ist die klarste Beschreibung der kognitiven Therapie in dem Buch von Rush und Beck zu finden. Kognitive Therapie läßt sich mit drei Begriffen beschreiben: kognitive Triade, Schemata und kognitive Fehler.

Die kognitive Triade, wie bereits erwähnt, besteht aus einer negativen Selbsteinschätzung, negativer Interpretationen der eigenen Erlebnisse und negativer Zukunftsschau. Zuerst tadeln und kritisieren sich solche Patienten selbst. Daraufhin interpretieren sie alles, was ihnen geschieht, auf eine negative Weise, selbst wenn andere Erklärungen noch so plausibel erscheinen. So kann zum Beispiel die flüchtige Begrüßung des Ehemanns, der unter starkem finanziellen Druck steht, von einer depressiven Frau so verstanden werden, daß sie nicht attraktiv genug ist, um geliebt zu werden. Drittens ist die Zukunft für sie ohne Hoffnung.

Der Begriff der Schemata ist vielleicht etwas schwieriger zu erklären. Dazu gehört ebenfalls unsere Interpretation dessen, was um uns herum geschieht. Aus dem, was wir sehen, hören und riechen, aus den Handlungen der Menschen in unserem Leben, fügen wir ein Bild zusammen, das wir Wirklichkeit nennen. Wir haben gerade eben auf die Tendenz von depressiven Patienten hingewiesen, ihre Erlebnisse negativ zu interpretieren. Schemata beziehen sich auf die Art und Weise, in der wir gewöhnlich Ereignisse interpretieren, auf sie reagieren und erklären. Sie sind „stabile Wahrnehmungsmuster", die individuell gefärbten Brillen, durch die ein jeder von uns die Wirklichkeit sieht.

Becks dritter Begriff, kognitive Fehler, sind logische Fehler, die die Interpretation von Ereignissen durch den Leidenden beeinflußen wie:

willkürliche Schlüsse – Schlußfolgerungen, für die es keine Grundlage gibt;

selektive Abstraktion – Konzentration auf ein negatives Element eines Bildes, statt auf die positiven Elemente;

zu starke Verallgemeinerung – allgemeine Schlüsse werden aus einem einzelnen Ereignis gezogen;

Übertreibung und Bagatellisierung – negative Elemente werden übertrieben, positive Elemente bagatellisiert, was zu einem stark verzerrten Wirklichkeitsbild führt;

Personifizierung – das Gefühl, daß die Worte oder Handlungen anderer durch persönliche Feindschaft gegen einen selbst motiviert sind;

Kognitive Therapie ist eine zeitlich begrenzte Psychotherapie, die bis zu zwanzig Sprechstunden in einem Zeitraum von zehn bis zwölf Wochen lang dauert. Einem Außenstehenden wie mir scheint das Wesentliche dieser Behandlung in einem sensiblen, aber genauen Aufspüren der Erlebnisse des Patienten zu liegen, um ihn zu befähigen, die logischen Fehler zu entdecken, die mit seiner Depression verbunden sind, und die falschen Schemata, die einer Selbstanschauung und seiner Interpretation seines täglichen Lebens zugrunde liegen, zu erkennen.

Ein Therapeut wird versuchen, seine Patienten dazu zu bringen, ihre Gedanken über bestimmte bestürzende Ereignisse auszudrücken („Was hielten Sie davon, daß sie sie so angerufen hat?") und mögliche Verzerrungen in der Deutung dieser Ereignisse zu erkennen, indem er sie dazu veranlaßt, alle Tatsachen mit einzubeziehen. Dann wird der Therapeut nach gewohnheitsmäßigen Deutungsmustern suchen und den Patienten anleiten, sie zu erkennen und sogar schon im voraus zu ahnen. Schließlich lehrt der Therapeut den Patienten, die oben genannten logischen Fehler zu identifizieren.

Der Therapeut wird sich auch mit spezifischen Problemen auseinandersetzen (Selbstmordwünsche, Lustlosigkeit, Selbstkritik) und den Patienten Hausaufgaben geben in Form von Anweisungen, besondere Symptome zu bekämpfen. Die Aufgaben müssen sorgfältig abgestimmt werden, damit der Patient nicht überfordert wird, sondern kleine oder größere Erfolge erleben kann.

Vieles spricht für die kognitive Therapie. Aber Beck hat nicht recht, wenn er glaubt, daß sie letztlich *die* Behandlungsmethode für Depression ist und auf alle Fälle angewandt werden kann. Eine Depression hat die unangenehme Eigenschaft, Erkenntnisprozesse über den Haufen zu werfen, und ich habe halb amüsiert, halb traurig die Gesichtsausdrücke einiger meiner verständnisvolleren Patienten beobachtet, deren Depressionen zurückkehren. Sie fangen an, ihre Gefühle der Schuld, Wertlosigkeit usw. zu beschreiben, dann halten sie inne, blicken mich an und sagen: „Ich weiß, was Sie sagen werden. Sie werden mir sagen, daß ich so denke, *weil ich deprimiert bin.* Und ich bin deprimiert. Aber ich glaube *wirklich,* daß ich verantwortungslos gehandelt habe, und daß ich ein völliger Versager *bin.*" Unsere Verbindung zur Realität ist meistens recht dünn. Die Wahrnehmung der Wirklichkeit beugt sich leicht anderen „Realitäten", die uns schnell umgeben können.

Die Annahme von Wissenschaftlern wie Beck und Ellis, daß das, was ich denke, bestimmt, wie ich mich fühle, ist einfach zu simpel. Genauso kann man nämlich auch sagen, daß mein Denken von meinem Fühlen bestimmt wird. Wenn ich gleichzeitig an Arthritis und Kopfschmerzen leide, wachsen die Hügel zu hohen Bergen. Unter solchen Umständen läßt sich die „Realität" nicht mehr mit den gewöhnlichen Erkenntnisvorgängen erfassen.

Daraus ergeben sich auch ernsthafte moralische Probleme. Ist Sünde nur deshalb Sünde, weil ich glaube, daß sie es ist? Ist mein Schuldempfinden *immer* nur ein Produkt der Depression?

Nehmen wir an, daß eines meiner Schemata mir sagt, daß die Vernachlässigung meiner Familie Gott beleidigt. Was bedarf der Korrektur: Mein Schema oder die Einstellung zu meiner Familie?

Wie würden Beck und Ellis mit dem Selbstmordtrieb fertigwerden, der so oft eine Dämonisierung begleitet? Sind Dämonen dem logischen Denken unterworfen?

KANT UND KOGNITIVE THERAPIE

Jerome Yesavage zeigte vor kurzem interessante Parallelen zwischen Philosophen des achtzehnten und neunzehnten Jahrhunderts und der modernen Kontroverse bezüglich der Erkenntnistherapie auf. Der Philosoph Immanuel Kant lebte zu einer Zeit, in der Philosophen ihre Vorstellungen (wie Kognitionstherapeuten heute) entweder auf *Vernunft* oder *Erfahrung* basierten. Descartes, von dem bereits die Rede war, betonte die Vernunft. Seine Grundvoraussetzung lautete: *Cogito ergo sum* – ich denke, darum muß ich existieren. Sein Verständnis vom Wesen der Menschen ergab sich aus dieser Voraussetzung. Andere Philosophen dachten, daß die Erfahrung, die Wahrnehmung der Welt um uns herum, die Grundlage der wahren Erkenntnis bildet. Locke zum Beispiel (von dem man meint, daß er von dem puritanischen Theologen Jonathan Edwards stark beeinflußt wurde) bestand darauf, daß Erkenntnis auf Erfahrung beruht. Die beiden herrschenden Denkrichtungen (Rationalismus und Empirismus) bildeten das Fundament, auf dem die moderne Physik und Chemie errichtet wurden. Ihre Anschauung vom Menschen ähnelt dem Menschenbild der Kognitionstherapeuten auf bemerkenswerte Weise. Beck, Ellis und Kelly sind in gewisser Hinsicht die Nachfolger von Descartes, Leibnitz, Locke und Hume.

Gegen diesen kalten intellektgeprägten rationalen Empirismus suchten die Romantiker leidenschaftlich nach anderen Wegen zur Erkenntnis der Wahrheit. Musiker, Dichter und Schriftsteller suchten die Wahrheit mit ihrer Intuition zu erfassen, für sie war es mehr eine Sache des Herzens als des Kopfes.

Kant war von Rousseau tief beeinflußt und las die Romantiker mit großem Interesse. In seiner berühmten *Kritik der reinen Vernunft* versuchte er den Platz und den relativen Wert des rationalen Empirismus und der Romantik festzustellen. Für Kant schien es keine Grundlage für die Annahme zu geben, daß man sich bei der Suche nach der Wahrheit mehr auf die Erkenntnis (oder Logik) als auf Impulse des Gefühls verlassen konnte.

Kant sagt uns, daß wir nie etwas wirklich bestimmt wissen können. Die „realen Dinge" um uns herum – Tische, Stühle, Bücher und Pflanzen sind ohne Zweifel *da,* aber wir können sie nicht wirklich *erkennen.* Wir ordnen lediglich die Licht- und Farbeindrücke, die wir von ihnen erhalten, und bilden in unserem Verstand Kategorien. Ihr wesentliches Sein können wir nicht erfassen. Selbst die „Realitäten" von Zeit, Raum und Kausalität sind lediglich Kategorien, in denen unser Verstand unsere Erlebnisse interpretiert. Kant lehrte, daß das „Ding an sich", die Nominalia, das wahre Wesen eines Gegenstands (einer Blume zum Beispiel) sich durch unsere Erkenntnis nicht erfassen läßt. Wir sehen die Oberfläche der Wirklichkeit, indem wir unsere eigenen Wahrnehmungen (Phänomenalia) ordnen.

Gleichermaßen ist uns nicht möglich, uns wirklich selbst zu erkennen (das „Selbst-in-sich-selbst"), sondern nur unser Erleben des Selbsts. Trotzdem erleben wir einen gewissen Grad an Unabhängigkeit und sind vielleicht auch unsterblich. „Indem er die Möglichkeit freier Handlung und Unsterblichkeit in der nominalen Welt neben einer wissenschaftlichen phänomenalen Welt eröffnet, stellt Kant ein Gleichgewicht her zwischen seinen romantischen und kognitiven Glaubensvorstellungen."

Die Stärken und Schwächen der kognitiven Psychotherapie sind die Stärken und Schwächen des rationalen Empirismus, so wie Kant sie sah. Unsere Erwartungen, Voraussetzungen und Wahrnehmung der Welt um uns herum beeinflussen unser Verhalten und unsere zukünftigen Erlebnisse sehr stark. Was wir sehen (ob richtig oder falsch), bestimmt, was uns geschieht. Weder ein Optimist noch ein Pessimist sieht das Leben so wie es ist, aber der Optimist wird allgemeinhin mit dem Leben besser fertigwerden als der Pessimist. Deshalb kann kognitive Therapie so wirksam sein. In dem Maße, in dem depressiven Patienten geholfen werden kann, das Leben anders zu sehen und andere Erwartungen an das Leben zu haben, werden ihre Depressionen weichen.

Trotzdem finden wir auch Schwächen in der kognitiven Therapie. Sie kann genausowenig als unfehlbarer Führer zur Wirklichkeit dienen wie der rationale Empirismus, und die Gefahr besteht darin, daß man versucht, sie außerhalb über Grenzen anzuwenden. Albert Ellis zum Beispiel erkennt die Grenzen der Vernunft, aber er verteidigt die Vernunft trotz ihrer Grenzen als den einzigen Führer, der uns zur Verfügung steht. Kant mißtraute dem menschlichen Urteil, weil es auf menschlichen Begriffen und menschlicher Erfahrung beruht – die beide subjektiv sind. Deshalb glaubte er, daß die nominale Welt der Ethik und Religion von „praktischem" Nutzen bei den Entscheidungen des täglichen Lebens ist.

Interessanterweise könnte man auf der Grundlage der modernen Gehirnforschung eine physische Basis für Kants Anschauungen postulieren. Eine Hälfte unseres Gehirns (gewöhnlich die linke) interpretiert unsere Erfahrung, verschlüsselt und bewahrt sie in Symbolform auf und ordnet sie, damit wir rationale Entscheidungen treffen können. Die andere Hälfte scheint in sozusagen intuitiver Weise zu funktionieren; dort findet das analoge, schöpferische und künstlerische Denken statt. Wir besitzen also zwei einander ergänzende Denkorgane, die auf ganz verschiedenen Prinzipien beruhen. Wenn wir tatsächlich von Gott erschaffen sind, muß diese Tatsache bedeuten, daß die Organe einander ergänzen sollen, und daß beide Denkweisen für uns und für seine Zwecke von Wert sind.

VERHALTENSTHERAPIE

Verhaltensforscher interessieren sich weniger für das, was im „schwarzen Kasten" des Gemüts vorgeht, als vielmehr für die Verhaltensweisen der Depression. Dazu gehört jedoch nicht nur das Verhalten der Patienten (eingeschlossen Verlangsamung des Psychomotors, Schlaf- und Appetitstörungen), sondern auch der verbale „Output" der Patienten, d.h. das, was sie über ihre Gefühle sagen. Verhaltenstherapie hat zum Ziel, depressive Verhaltensweise zu beenden (d.h. zu erzielen, daß Patienten aufhören, sich darüber zu beklagen, wie schlecht es ihnen geht), indem solche Verhaltensweisen nicht verstärkt werden (populär ausgedrückt: indem sie ignoriert werden) und nicht-depressive Verhaltensweisen unterstützt werden. Eine andere Möglichkeit ist, depressives Verhalten mit negativer Konditionierung zu „bestrafen", indem depressives Verhalten zu einer unangenehmen Reaktion in der Umgebung des Patienten führt. In ihrem Bericht über Verhaltenstherapie zitierten Liberman und Raskin eine Reihe von Versuchen, Depression auf Grundlage des Behaviorismus zu behandeln. Lazarus, der Depressionen behandelte, verwendete drei Methoden:

1. Er wies seine Patienten an, sie sollten sich vorstellen, daß sie im Laufe der Zeit Fortschritte machen und an erfreulichen Tätigkeiten und menschlichen Beziehungen beteiligt sind.

2. Er ermutigte den Patienten, nicht-depressives Verhalten zu entwickeln.

3. Er unterzog Patienten einer Beraubung jeder Sinneseindrücke, um sie für Wahrnehmungseindrücke empfindsamer zu machen, insbesondere für die positive Stärkung des gewünschten Verhaltens. Ein Beispiel der sensorischen Deprivation ist ein langer Schlaf, der in der in Japan entwickelten „Korita-Therapie" eingesetzt wird, bei der Patienten etwa eine Woche lang im Bett bleiben müssen.

Die Anwendung dieser Therapien ist äußerst aufwendig. Sie verlangt eine strenge und detaillierte Untersuchung von Reizen in der Umgebung des Patienten, die zu depressivem Verhalten führen, und eine detaillierte Liste von Verhaltensweisen, die beseitigt oder gefördert werden sollen. Bei depressiven Patienten, die im Krankenhaus liegen, muß das Personal gut ausgebildet sein, um die spezifischen Verhaltensweisen entsprechend zu „belohnen" oder zu „bestrafen". Das ist teuer, weil es sehr viel Personalzeit in Anspruch nimmt. Obwohl sie sich bei milderen Depressionen als sehr wirkungsvoll erwiesen hat, ist die Wirksamkeit dieser Behandlungsmethode bei tiefen Depressionen noch nicht unter Beweis gestellt.

Die Philosophie des Behaviorismus ist für Christen problematisch. Sie setzt voraus, daß Menschen geschlossene Systeme sind, die zu einer spontanen Verhaltensweise unfähig und völlig konditionierbar sind.

CHRISTLICHE SEELSORGE

Christliche Seelsorge an depressiven Menschen hat eine lange und zwielichtige Geschichte. Für Seelsorger des Mittelalters war die Depression eine Sünde, die man fliehen mußte. Frank Lake zitiert alte Schriften über einen gewissen Heiligen Seraphim, der uns

„gebot, vor allem zu fürchten und davor zu fliehen wie vor Feuer: die größte Sünde, die Wehmut ... Es gibt keine schlimmere Sünde, meine Mutter, und nichts Furchtbareres und Zerstörerisches wie der Geist der Wehmut." Anscheinend empfahl er, Brot zu essen, um sie zu heilen. Hatte der gute Heilige bemerkt, daß die „Sünde" der Wehmut zu Gewichtsverlust führte?

Seelsorge soll geistlicher Ratschlag sein, die Anwendung biblischer Lehre auf geistliche Nöte. Die Tendenz mancher Ausbildungsseminare für Pfarrer, mit den psychologischen Instituten säkularer Universitäten zusammenzuarbeiten, beunruhigt mich. Ich sage das nicht, weil die säkularen Institutionen uns nichts lehren können. Ich sehe jedoch eine ungesunde Tendenz bei jüngeren Studenten, eine unkritische Faszination für Psychologie und alles, was damit zusammenhängt, zu entwickeln. Pastoren können sicher von Grundkenntnissen in Psychologie und Psychiatrie profitieren. Ihr wertvollster Beitrag wird jedoch immer sein, Christus und sein Wort zu predigen, und der Sünde, der Welt, dem Fleisch und dem Teufel zu begegnen, wo diese die wahren Ursachen der Not des Menschen sind.

Es ist nicht immer einfach zu wissen, wann eine Depression in der Hauptsache eine geistliche Angelegenheit ist. Im Falle des Patienten, den ich im ersten Kapitel beschrieben habe, war das Verständnis der Gnade Gottes genug, um einen paranoiden und tief deprimierten Mann in einen freudigen und befreiten Menschen zu verwandeln. Unter den tausenden von Patienten, die ich behandelt habe, war er jedoch der einzige, dessen psychologische Not durch geistliche Hilfe beseitigt wurde. Es geschieht häufiger, daß geistliche Erkenntnis durch psychiatrische Behandlung wiederhergestellt wird. Ich kenne keine einfache Regel, mit deren Hilfe man eine geistliche Depression, Stress, gestörte Zuneigungsbindungen, genetische Anfälligkeit oder physiologische Störungen unterscheiden kann. Ich nehme an, daß die Grenze zwischen beiden Arten der Depression nicht sehr scharf ist und sich ständig verschiebt.

Das einzige, das wir tun können, ist zuzuhören, wenn der Leidende über seine Gefühle spricht und alle möglichen Faktoren zu erkennen suchen. Wenn der Dienst mit dem Wort Gottes und das Gebet nichts bewirken, sollten Pastoren sich nicht unbedingt selbst die Schuld geben oder den Notleidenden der Verstocktheit oder des Unglaubens bezichtigen. Manche Aspekte des Problems erfordern vielleicht die Fähigkeiten und Sachkenntnisse eines Psychologen oder Arztes.

Ein Bereich, der bei der Seelsorge besonders von Bedeutung zu sein scheint, ist das Schuldgefühl, das aus einem unzulänglichen Verständnis der Gnade Gottes angesichts satanischer Anschuldigungen entsteht (siehe Offbg. 12, 10-11). Evangelikale Lehre macht Christen besonders anfällig dafür. Keiner würde es so ausdrücken wollen, aber ich bin davon überzeugt, daß die meisten evangelikalen Christen unbewußt meinen, Gott würde sie nur annehmen, wenn ihr geistliches Leben nach ihrer Bekehrung gut verläuft, anstatt sich einfach auf das vollkommene Opfer Christi zu stützen. Sie kennen die Lehre der Rechtfertigung, aber sie wird ihnen nicht zur geistlichen Hilfe. Ein unzureichendes Verständnis der rechtfertigenden Gnade Gottes kann zu einer regelrechten „Lähmung" führen.

Ein zweiter Bereich, in dem ein Seelsorger depressiven Menschen helfen kann, ganz gleich, wodurch die Depression verursacht wurde, ist das Bibelstudium (vorausgesetzt, daß sie noch in der Lage sind, sich genügend zu konzentrieren). Er soll sie zu handfestem Bibelstudium ermutigen und von rein andächtigem Lesen abraten. Bei den meisten deprimierten Personen hat sich andächtiges Lesen zu etwas Ungesundem und Schädlichem entwickelt.

Vor Jahren, als ich selbst ernsthaft depremiert war, wurde meine eigene geistige Gesundheit nur durch ein staubtrockenes Studium der Prophetie des Hosea gerettet. Wochenlang arbeitete ich jeden Morgen daran, machte genaue Notizen, überprüfte historische Anspielungen im Text. Langsam fing ich an, festen Boden unter meinen Füßen zu spüren. Ich wußte ohne jeden Zweifel, daß meine Heilung meiner Bemühung entsprang, die Bedeutung der Prophetie zu erfassen.

Drittens müssen sich Seelsorger darüber im klaren sein, daß Patienten, die an schwerer Depression leiden, von einer Krankheit erfaßt worden sind, über die sie keine Kontrolle haben. Jede Methode, mit der man ihnen helfen will, braucht Zeit, manchmal viele Wochen. Trotzdem sind solche Patienten nicht völlig hilflos. Ihnen bleibt zumindest eine Freiheit: Die Freiheit zu entscheiden, welche Einstellung sie gegenüber ihrer schmerzlichen Situation einnehmen werden.

Oft lese ich solchen Patienten das dritte Kapitel der Klagelieder vor: Hoffnung tut jedem Menschen gut. Der Kernpunkt von Klagelieder 3 ist die Weigerung des Dichters, seine Hoffnung auf Gott aufzugeben.

Paulus erinnert uns an die Bedeutung von Glaube, Hoffnung und Liebe. Wir hören viel über Glauben und Liebe. Hoffnung scheint in der modernen Predigt nur in Hinblick auf die Endzeit vorzukommen. Hoffnung ist jedoch genau das, was notleidende Menschen brauchen. Hoffnung ist der Glaube, der in die Zukunft blickt, der Glaube an das, was Gott tun wird, weil er der Herr ist, und weil seine Barmherzigkeit jeden Tag neu ist. Deshalb lenke ich die Aufmerksamkeit meiner schwer deprimierten Patienten auf Bibelabschnitte, die von ernsthaft depressiven Personen geschrieben wurden (es ist ein Trost zu wissen, daß auch die „Menschen in der Bibel" manchmal niedergeschlagen waren) und versuche ihnen klarzumachen: Solange Gott seinem Namen treu ist, gibt es Hoffnung.

Die beste Einstellung für schwer depressive Personen besteht darin, daß sie aufgeben, einen Weg zum sofortigen Glück zu suchen, und statt dessen ruhig auf den Herrn hoffen und warten. Damit will ich nicht sagen, daß sie eine passive Haltung einnehmen müssen oder auf ärztliche oder psychologische Hilfe verzichten sollen, aber sie werden bessere Fortschritte machen und ihre Furcht wird gemildert, wenn sie begreifen, daß auf Gott zu hoffen und ruhig auf ihn zu warten für den Kampf von großer Bedeutung ist. Auch für die Seelsorge depressiver Personen gilt das Sprichwort „Eile mit Weile".

Die Schrift hat viel über das „Warten auf den Herrn" zu sagen. Viele verschiedene hebräische Wörter werden durch das deutsche Wort Hoffnung wiedergegeben. Manche sprechen von Ruhe und Stille (Ps. 62, 1.5; 65, 1). Andere beschreiben eine positive Entscheidung, auf eine Antwort zu warten (Hiob 32, 4, Ps. 33, 20; 106, 13; Jes. 8, 17). Das Wort *yachal* bedeutet, „mit Erwartung" oder „mit Hoffnung" zu warten. Es wird häufiger mit „hoffen" als mit „warten" übersetzt (in Hiob 14, 14 und Psalm 33, 20 mit „harren", in Psalm 33, 18 mit „hoffen").

Das hoffnungsvolle Warten ist ein wichtiges Motiv im Alten und Neuen Testament. Das Studium der griechischen und hebräischen Wörter, die im deutschen mit „hoffen" und „warten" („harren") wiedergegeben werden, wäre eine gute Vorbereitung für jeden, der mit Seelsorge zu tun hat. In dem Zeitalter der Sofortlösungen haben wir die Bedeutung eines solchen Begriffs vergessen.

Meine vierte Empfehlung ist, daß wir denen, die davon profitieren könnten, eines der beiden Bücher leihen oder schenken, die ich erwähnt habe: Lloyd-Jones *Geistliche Depression: Ihre Ursachen und Heilung* oder das Buch von William Bridges. Beide sind Pflichtlektüre für Seelsorger.

Was sollen Seelsorger tun, wenn ihre Bemühungen ohne Wirkung bleiben? Ich muß wiederholen, daß sie nicht voreilig den Leidenden dafür verantwortlich machen sollen. Wenn nach einem Monat keine Besserung eingetreten ist, läßt sich vermuten, daß die Hilfe des Hausarztes oder eines kompetenten Psychologen oder Psychiaters vonnöten ist.

11. Medikamentöse Therapie

Seit Jahren ist die wissenschaftliche Literatur voll von Artikeln, die die Auswirkungen von antidepressiven Drogen beschreiben, wozu trizyklische und Monoaminoxidase-hemmende Drogen gehören. Das Beweismaterial für die Wirksamkeit antidepressiver Medikamente ist überwältigend. Mit der wachsenden Qualität wissenschaftlicher Untersuchung hat sich die Wirksamkeit dieser Drogen immer stärker etabliert. Damit haben wir bereits das Fundament gelegt für unsere Antwort auf die Behauptung von Juristen, daß die Anwendung von Medikamenten gegen den Willen des Patienten die Rechte des Patienten verletzte, indem „starke gemütsverändernde Drogen" zu „unfreiwilliger Gemütskontrolle" verwendet würden.

Antidepressive Medikamente sollen Patienten helfen, deren Fähigkeit, die Wirklichkeit wahrzunehmen, gestört ist und die Ängsten und psychischer Qual ausgesetzt sind. Antidepressive Drogen verhelfen zu einem klaren Kopf. Sicherlich handelt es sich hierbei um starke Drogen, doch sie führen nicht zu einer Gemütskontrolle bei depressiven Patienten, sie haben vielmehr den Effekt, *depressiven Patienten eine Kontrolle zu ermöglichen, die stark beeinträchtigt war.* Sie sind keine Glücksdrogen, verursachen keine Euphorie und machen den Patienten nicht „high" (mit Ausnahme bei Patienten mit bipolarer Krankheit, bei denen sie eine manische Phase hervorrufen; hier müssen sie mit großer Vorsicht angewandt werden). Wegen ihrer Nebenwirkungen (die ich später beschreiben werde) sind sie keine besonders angenehmen Medikamente, und manche Patienten, die sie brauchen, müssen dazu angehalten werden, sie weiterhin zu nehmen. Ihre positiven Wirkungen treten nicht sofort ein, und manchmal dauert es Wochen, bis die volle Wirkung erzielt wird.

Seit 1971 haben sich Forscher darum bemüht, herauszufinden, warum manche antidepressiven Medikamente wirksamer zu sein scheinen als andere und warum die gleiche Dosis eines Medikaments bei einem Patienten zur Gesundung führt, während sie bei einem anderen Patienten der gleichen Größe, des gleichen Geschlechts und Gewichts sowie der gleichen Tiefe der Depression versagt.

TRIZYKLISCHE ANTIDEPRESSIVA

Der Beziehung zwischen der Dosis von TZA und der Konzentration ihrer aktiven Komponente im Blut wurde immer mehr Aufmerksamkeit gewidmet. Weitere Forschungen sind notwendig, aber es ist bereits klar, daß die Reaktion auf die Medikamente von der Konzentration im Blut und nicht so sehr von der Dosis abhängt. Ein Patient mit 150 mg Imipramin hat vielleicht eine höhere Konzentration im Blut und somit eine stärkere Reaktion auf das Medikament als ein anderer Patient mit der gleichen Dosis des gleichen TZA. Zwei der am weitesten verbreiteten TZAs sind Imipramin und Amitriptylin. Es ist anscheinend klar, daß ihre Wirksamkeit mit ihrer Konzentration im Blut steigt, bis sie 650 Nanogramm pro Milliliter Blut erreicht. Leider produziert eine Dosis nicht die gleiche Konzentration bei verschiedenen Patienten, obwohl man sich allgemeinhin einig ist, daß eine geringere Dosis als 150 bis 200 mg täglich gewöhnlich keine wirkungsvolle Konzentration im Blut erzielt. Der Genuß von Alkohol, Tabak und die Einnahme von Verhütungsmitteln, Barbituraten und anderen Schlaftabletten kann die Wirkung selbst dieser Dosen beeinträchtigen. Bei anderen TZA ist das Bild noch verwirrender. Ich warte sehnsüchtig auf den Tag, wo man antidepressive Medikamente genau durch Messungen des Blutspiegels dosieren kann.

Mittlerweile pflege ich depressiven Patienten, denen ich antidepressive Medikamente verschreibe, alles genau zu erklären, was wir über die Wirkungsweise und über die Nebenwirkungen der Medikamente wissen. Ich schlage den Patienten vor, das Medikament in einer großen Dosis auf einmal abends einzunehmen. Auf diese Weise erleben die Patienten weniger Nebenwirkungen und vergessen während des geschäftigen Tages nicht so leicht, das Medikament einzunehmen. Das erklärt vielleicht, warum sich Patienten schneller besser fühlen.

Zu den Nebenwirkungen gehört ein trockener Mund, Verstopfung, ein erhöhter Puls und zusätzliches Schwitzen. Alle Nebenwirkungen sind recht mild, und die Patienten nehmen sie gern in Kauf, wenn sie einmal die positiven Wirkungen der Medikamente erfahren haben. Manche Patienten erleben auch, was orthostatische Hypospannung genannt wird, ein Gefühl der Ohnmacht, wenn sie zu schnell vom Sitzen oder Liegen aufstehen. (Manche

Leute erleben das auch ohne Medikamente.) Wenn wir aufstehen, muß sich der Körper schnell regulieren, um den Blutdruck auf dem gleichen Niveau zu erhalten. Diese Vorgänge können sich unter dem Einfluß von TZA etwas verlangsamen. Wenn das geschieht, setzt man sich eben schnell wieder hin und steht dann langsamer auf.

Die Nebenwirkung, die am meisten Anlaß zur Besorgnis gibt, ist eine leichte Verlangsamung der Leitfähigkeit der Herznerven und -muskeln. Bei Patienten unter fünfzig ist das kein Grund zur Sorge, aber bei Personen über fünfzig oder bei Patienten, die bereits an einer Herzkrankheit leiden, sollte man die TZA wählen, die die geringste Wirkung auf die Herzmuskel haben.

MONOAMINOXIDASE-HEMMER (MAOH)

Wie ich bereits in einem früheren Kapitel erwähnt habe, spielen MAOH, auch wenn sie weniger wirkungsvoll sind, bei der Behandlung der Depression eine wichtige Rolle, obwohl die Beschreibung der Patienten, bei denen sie am besten wirken, kaum schmeichelhaft ist. Eine Art der Depression, die als hysteroide Dysphorie bezeichnet wurde, wurde 1969 von den Psychiatern Klein und Davis beschrieben. Sie kommt bei Frauen vor, deren Laune leicht und labil ist, die sich theatralisch, pompös und verführerisch geben. Die Autoren behaupten jedoch, daß diese Merkmale durch eine Depression hervorgerufen werden und nach der Behandlung verschwinden. Andere Fachleute bestätigten die Diagnose und die erfolgreiche Behandlung durch MAOH. Sie zählten drei weitere Merkmale an Patienten auf, bei denen die Behandlung erfolgreich war: „Hohe Empfindsamkeit gegenüber der Ablehnung anderer, Beifallshunger und ein ständiges Verlangen nach Süßigkeiten."

Patienten, die mit MAOH behandelt wurden, müssen sorgfältig auf ihre Diät achten, um bestimmte Stoffe zu vermeiden, die mit der Droge reagieren und zu katastrophalen Steigerungen des Blutdrucks und äußerst starken Kopfschmerzen führen. Die meisten Ärzte geben ihren Patienten eine Liste von Stoffen, die sie vermeiden müssen – zum Beispiel älteren Käse, bestimmte Rotweine und Antihistamine.

Eine lange Zeit hielt man es für gefährlich, TZA und MAOH gleichzeitig zu verabreichen. Jetzt weiß man, daß diese Furcht unbegründet ist. Vorausgesetzt, daß gewisse Vorsichtsmaßnahmen eingehalten werden, können die beiden Arten von antidepressiven Medikamenten gleichzeitig genommen werden. Das tut man bei Depressionen, die auf keine andere Behandlung ansprechen. Die Kombination ist ein äußerst starkes anti-depressives Medikament.

Manchmal werde ich gefragt, ob Valium ein antidepressives Medikament ist. Valium gehört zu einer Gruppe von Drogen, die man Beruhigungsmittel (Tranquilizer) nennt. Es bewirkt eine vorübergehende Erleichterung von Angstzuständen. Es hat keinerlei Wirkung auf eine Depression, und ich persönlich versuche, den Gebrauch dieser Art von Beruhigungsmitteln zu vermeiden, wenn es irgend geht.

LITHIUM

Die Wirksamkeit von Lithium bei der Behandlung von Gemütskrankheiten war eine bedeutende Entdeckung. Seine Wirksamkeit in der Behandlung bipolarer Krankheit läßt sich kaum übertreiben. Das U.S. National Institute of Mental Health schätzt, daß die Verwendung des Salzes in den USA in den Jahres 1969 bis 1979 zu einer Senkung der Behandlungskosten von 2,88 Milliarden Dollar führte.

Ich habe bereits die Funktionsweise des Lithium beschrieben, habe aber dabei wenig über die Anwendungsweise gesagt. Bei manischen Patienten fange ich mit einer Dosis von 300 mg dreimal täglich an und überprüfe dreimal pro Woche die Lithiumkonzentration im Blut. Ich erhöhe die Dosis langsam, bis sich die Konzentration im therapeutischen Bereich stabilisiert (zwischen 0,8 und 1,2 mg pro 100 ml Blut). Lithium kann die Magenwand irritieren und wird am besten während oder sofort nach einer Mahlzeit eingenommen. Aber wiederum machen die Vorteile die Nachteile ohne Zweifel wett.

Leider kann Lithium die Aktivität der Schilddrüse beeinträchtigen, wenn es über lange Zeit hin verabreicht wird. Bei Patienten, die ihr ganzes Leben lang Lithium einnehmen, muß man regelmäßig die Funktion der Schilddrüse überprüfen. Lithium beeinträchtigt auch die Fähigkeit der Nieren, Unreinheiten zu filtern und sie im Urin zu konzentrieren. Soweit man weiß, ist dieser

Effekt völlig behebbar. Nach kurzen „Lithiumferien" kehren alle Funktionen wieder zum Normalen zurück.

Wenn ein Patient mehrere manische Anfälle hat, ergibt sich die Frage der lebenslangen Einnahme von Lithium. Das Thema ist umstritten, besonders weil höhere Dosen von Lithium äußerst giftig sein können und zu Übelkeit, Durchfall und Delirium führen. Meiner Ansicht nach überwiegen die Vorteile jedoch die Nachteile.

Stärker umstritten ist der Gebrauch von Lithium zur Behandlung von Depressionen. Im Augenblick wird der Gebrauch von Lithium von der amerikanischen Food and Drug Administration und einer Untersuchungskommission der American Psychiatric Association nicht zur Behandlung von Depressionen empfohlen.

Allmählich wächst unsere Fähigkeit, die vielen Medikamente, die uns zur Verfügung stehen, auf vernünftige und präzise Weise anzuwenden. Wir können auf der Grundlage der Patientengeschichte und bestimmter biochemischen Tests genauer vorhersagen, welche Patienten am besten auf welche Medikamente reagieren werden. Mittlerweile wird eine zweite Generation von antidepressiven Medikamenten (Nomifensin, Trazadon, Zimelidin und Mianserin) in verschiedenen Teilen der Welt klinisch getestet.

Warum brauchen wir noch mehr Medikamente? Ist die gegenwärtig zur Verfügung stehende Auswahl unzureichend? Warum soll man Millionen für die Forschung ausgeben, nur um die Auswahl der verschiedenen antidepressiven Medikamente zu vergrößern?

Soweit man es gegenwärtig beurteilen kann, ist die Wirkung der neuen Drogen den jetzt erhältlichen ähnlich. Sie sind jedoch deshalb attraktiv, weil sie weniger Nebenwirkungen haben und weil manche von ihnen das Auftreten zukünftiger Depressionen verringern. Eines von ihnen, Nomifensin, hat anscheinend keinerlei negative Auswirkungen auf das Herz – bei älteren Patienten oder Patienten mit Herzkrankheiten ein sehr wichtiger Punkt.

ELEKTROSCHOCKTHERAPIE

Jetzt möchte ich das umstrittene Thema der Elektroschocktherapie ansprechen. Die Behandlung besteht darin, dem Gehirn eine Reihe von kleinen elektrischen Schocks zu verabreichen, um

Krämpfe hervorzurufen. Die Gegner dieser Methode beschreiben diese Behandlung als eine brutale Quälerei hilfloser Opfer durch sadistische Psychiater, die keine Ahnung haben, wie Elektroschocktherapie funktioniert. Die Verfechter der Therapie sprechen von ihr als einer progressiven, menschlichen Maßnahme, über die sehr viel bekannt ist. Die Wahrheit liegt irgendwie zwischen diesen beiden Extremen, aber meiner Ansicht nach näher bei den Befürwortern der Behandlung.

Ohne Frage ist die Elektroschockbehandlung weithin mißbraucht worden, vor allem in der Zeit kurz nach dem zweiten Weltkrieg. Damals waren die Krankenhäuser überfüllt, und es gab wenig Personal. Geisteskranke Patienten und das Personal, das sie pflegte, waren die Aschenputtel der Medizin, Krankenpflege und Psychologie. Das Personal großer Nervenheilanstalten war oft unzureichend ausgebildet, unzureichend bezahlt und mußte sich um zu viele Patienten kümmern. Manchmal war die Kontrolle der Patienten ein sehr viel dringlicheres Problem als ihre Behandlung. Das Ergebnis: Patienten erhielten zuviele Medikamente, und Elektroschockbehandlung wurde zur Behandlung von Krankheiten gebraucht, bei denen sie wenig Wert hatte.

Woher kommt die Elektroschockbehandlung? Was hat man sich ursprünglich dabei gedacht? Im Jahre 1935 hatte Ladislaus Meduna die Idee, Schizophrenie durch das künstliche Hervorrufen von epileptischen Anfällen zu behandeln. Meduna hatte die irrtümliche Beobachtung gemacht, daß Schizophrene nie epileptische Anfälle erleiden. Von dieser falschen Voraussetzung ausgehend behauptete er, man könnte die Schizophrenie behandeln, indem man bei den Patienten epileptische Anfälle hervorriefe. Die ersten Berichte der Hirnkrampfbehandlung waren voll Begeisterung. Verschiedene Methoden zur Hervorrufung von Krämpfen wurden angewandt wie die Injizierung von Kampfer und anderen Drogen, die Krämpfe produzieren. 1938 benutzten Ugo Cerletti und L. Bini Elektrizität statt Drogen, und somit entstand die Elektroschockbehandlung.

Diese Methode wurde in einer Zeit entdeckt, in der man sehr wenig für schwer kranke Patienten in Nervenheilanstalten tun konnte. Das Pflegepersonal klammerte sich an jede Möglichkeit, ihnen zu helfen. Verschiedene Anwendungen der Elektroschocktherapie wurden entwickelt, unter anderem REST (Regressive-Elektroschocktherapie). REST bestand darin, daß schizophrene

Patienten zahlreichen Schockbehandlungen ausgesetzt wurden, bis sie in einen kindlichen Zustand „zurückversetzt" worden waren, der sich durch Verwirrung und die Unfähigkeit auszeichnete, Stuhl und Harnfluß einzuhalten. Der Gedanke der REST war durchaus auf das Wohl des Patienten ausgerichtet. Die Theoretiker dachten, wenn man die Patienten zum Kindesstadium zurückführt und ihnen ein „korrigiertes Erleben" des Heranwachsens in einer Umgebung der Liebe und Fürsorge vermittelt, läßt sich ihre Schizophrenie heilen. Doch die Methode funktionierte nicht.

Zweifelsohne ist die Elektroschocktherapie in verzweifelten Versuchen, „hoffnungslosen" Fällen zu helfen, mißbraucht worden, und Organisationen, die sich für Geisteskranke einsetzen, protestierten gegen die Unmenschlichkeit der Behandlung. Wegen dieser Opposition wurden sowohl von Befürwortern als auch von Gegnern der Behandlung sorgfältige Untersuchungen angestellt, so daß im Laufe der Jahre langsam ihre genauen Wirkungen, ihre Funktionsweise und der Bereich, in dem sie von Nutzen ist, bekannt wurden. Doch immer noch begegnet man der Elektroschockbehandlung mit Mißtrauen und Furcht. Filme wie *Einer flog über das Kuckucksnest* haben nicht dazu beigetragen, die Besorgnis der Öffentlichkeit zu beschwichtigen, sie haben lediglich die Angst der Patienten gesteigert, die dringend behandelt werden müssen. Der Film ist eine intelligente und ergreifende Darstellung von Zuständen, die vor dreißig Jahren existierten, aber er hat hauptsächlich dazu beigetragen, falsche Vorstellungen der Öffentlichkeit in bezug auf Elektroschockbehandlung zu untermauern. Dramatischer Horror verkauft sich im Kino besser als die schlichte Wahrheit.

Wirkt die Elektroschockbehandlung? Wie funktioniert sie? Sie ist zweifelsohne wirksam, vorausgesetzt ihre Anwendung beschränkt sich auf bestimmte Krankheiten, von denen die Depression die wichtigste ist. In einem Artikel im *British Journal of Hospital Medicine,* einer der besten Zusammenfassungen des gegenwärtigen Forschungsstandes in bezug auf EST, stellt Freeman fest: „EST ist keine Behandlung, die das Unglück heilt. Sie kann Ehen nicht wieder zusammenschmieden oder den an Kummer Leidenden ihre Verwandten wiederbringen. Sie ist jedoch eine wirksame Behandlung schwerer depressiver Krankheit oder endogener Depressionen, d.h. solcher, die durch gestörten

Schlaf, Appetit- und Gewichtsverlust, Retardierung, krankhaftes Schuldgefühl und manchmal paranoide, nihilistische und somatische Einbildungen gekennzeichnet sind. Bei diesen Zuständen scheint sie die wirksamste und schnellste Behandlung zu sein, die uns zur Verfügung steht."

Sieben Untersuchungen, deren Ergebnisse in englischer Sprache veröffentlicht wurden, zeigten, daß bei 2000 Patienten EST wirksamer war als antidepressive Medikamente. Die neueste Untersuchung faßt die Ergebnisse wie folgt zusammen:

> 72 Patienten, die wegen schwerer Geisteskrankheit mit Elektroschocktherapie (EST) behandelt wurden, wurden der Reihe nach über ihre Meinung zur EST befragt: 83% waren der Ansicht, sie hätten sich auf Grund der Behandlung besser gefühlt, und 81% würden sich der Behandlung erneut unterziehen. Die meisten empfanden die Behandlung als neutral oder angenehm, und 54% hielten zahnärztliche Behandlung für unangenehmer. Behauptungen in Zeitungen, Zeitschriften und im Fernsehen, daß EST grausam und qualvoll sei, werden von den Ergebnissen der Untersuchung kaum unterstützt.

Die moderne Elektroschockbehandlung ähnelt der EST in den 30er und 40er Jahren nur wenig. Sie begrenzt sich hauptsächlich auf die Behandlung von Krankheiten, wo der Erfolg empirisch belegt ist. Patienten, die so behandelt werden, erhalten eine kurzzeitig wirkende Narkose (damit sie bewußtlos werden, bevor die EST gegeben wird) und Medikamente, die die Muskeln entspannen (damit die Krämpfe ein Minimum an Körperbewegung verursachen). Besondere Vorkehrungen werden getroffen, um den Gedächtnisverlust auf ein Minimum zu reduzieren. Atropin wird verabreicht, um den Puls und Blutdruck niedrig zu halten.

Leider werden heute negative Entdeckungen in bezug auf EST eher publiziert als sorgfältige Untersuchungen über ihren wahren Wert. Ein Artikel in *Biological Psychiatry* zum Beispiel wurde weithin als Beweis für die Nutzlosigkeit der Elektroschockbehandlung zitiert. Der Artikel beschrieb, wie ein Dr. J. E. Jones entdeckte, daß er Patienten eine Zeitlang mit Elektroschocks zu behandeln glaubte, obwohl sein Gerät gar nicht richtig elektrisch verbunden war und demnach auch nicht funktionierte. Aber wie Barton darauf hinwies, hat Jones das Ergebnis seiner Untersuchungen nicht richtig dokumentiert, denn er hätte ohne Aufsicht die Behandlung gar nicht so lange durchführen dürfen. Außerdem scheint Jones die Nebenwirkungen der Behandlung mit den beabsichtigten Wirkungen durcheinander gebracht zu haben. Unsere Vorstellungen über Plazebo-Wirkungen ändern sich.

Tatsache ist, daß EST sich bei sachgerechter Anwendung wiederholt als lebensrettend erwiesen hat. Aber worin bestehen ihre Vor- und Nachteile? Und warum funktioniert sie?

1978 wurden lange und sorgfältige Experimenten mit EST an Ratten durchgeführt. Zu den beobachteten Wirkungen gehörten die Stärkungen von Transmissionen über Synapsen zwischen den Nerven. Grahame-Smith und seine Kollegen entdeckten, daß diese positiven Ergebnisse nur bei mehreren Behandlungen erzielt werden konnten, und zwar mußten mindestens ein oder zwei Tage zwischen jeder Behandlung verstreichen. Mehrere Behandlungen an einem Tag waren weniger wirksam als die gleiche Anzahl von Behandlungen über mehrere Tage verteilt. Sie entdeckten auch, daß die Effekte genauso gut mit einseitiger EST erreicht werden konnten (d.h. nur eine Seite erhält einen elektrischen Schock, aber Krämpfe werden in beiden Gehirnshälften hervorgerufen), aber zweiseitige Krämpfe waren notwendig, um zu besseren Neurotransmissionen zu führen. Sie entdeckten auch, daß es nicht darauf ankommt, wie die Krämpfe herbeigeführt wurden. Die Auswirkungen der Krämpfe waren der wesentliche Faktor. Eine Reihe von Untersuchungen haben auch einseitige mit zweiseitiger EST bei Menschen verglichen.

Die positiven Auswirkungen der EST haben nichts mit der Elektrizität oder den Methoden, durch die die Krämpfe herbeigeführt werden, zu tun. Die biologischen Konsequenzen der Krämpfe (eine Freigabe von Neurotransmittern) führen zur Besserung. Je länger jeder Krampf dauert, um so stärker ist die heilende Wirkung.

Die unangenehmste Nebenwirkung der EST, auf die ich bereits hingewiesen habe, ist der Gedächtnisverlust, der sich auf die Zeit vor und direkt nach der Behandlung erstreckt. Untersuchungen des Gedächtnisverlustes haben zu widersprüchlichen Ergebnissen geführt.

Zweifelsohne findet der größte Gedächtnisverlust in bezug auf Ereignisse in der Zeit kurz vor und nach der Behandlung statt. Manche Patienten werden davon betroffen, während das Gedächtnis anderer intakt bleibt. Patienten beschweren sich manchmal, daß sie sich an Dinge nicht mehr erinnern können, die längere Zeit zurückliegen – Ereignisse, Telephonnummern oder Namen von Freunden. In einer sorgfältigen Untersuchung, in der das Gedächtnis von Patienten vor und sechs bis neun Monate nach der Behandlung mit Hilfe von sechs verschiedenen Tests verglichen wurde, konnten Squire und Chase keine Beweise für bleibenden Gedächtnisschwund feststellen.

Wie kann Gedächtnisschwund verringert werden? Zunächst einmal muß man erkennen, daß die Beeinträchtigung des Gedächtnisses von zwei Faktoren abhängt, nämlich von der Stromstärke und der Position der Elektroden, die am Kopf angebracht werden. Neuere Maschinen, die kleinere Stromstärken verwenden (manche arbeiten mit mehreren Stromstößen, die 1/2000 Sekunde dauern und über einen Zeitraum von 5 Sekunden mehrfach wiederholt werden), führen zu weniger Gedächtnisschwund. Der Gedächtnisverlust kann sich auch reduzieren, wenn nur eine Seite des Gehirns stimuliert wird.

Um das zu begreifen, müssen wir etwas mehr über die beiden Hälften des Gehirns sagen. Die beiden Hemisphären liegen wie zwei Spiegelbilder nebeneinander. In der Kindheit sind ihre Funktionen austauschbar. Man könnte sogar eine Gehirnhälfte beim Säugling entfernen, ohne das Wachstum oder die Intelligenz des Säuglings zu beeinträchtigen. Aber im Laufe der Zeit entwickelt jede Hälfte spezifische Funktionen. Die dominierende Hemisphäre enthält die verbalen Funktionen, wozu das Sprechen und das verbale Gedächtnis gehören. Bei den meisten Menschen (ob sie Rechts- oder Linkshänder sind) dominiert die linke Hemisphäre. Wenn die EST Elektroden über der nicht-dominierenden Hemisphäre (d.h. gewöhnlich der rechten) angebracht werden, sind die positiven Auswirkungen der Behandlung gleich, während die Nebenwirkungen (Gedächtnisverlust und Kopfschmerzen nach der Behandlung) stark verringert werden und manchmal überhaupt nicht mehr auftreten.

Vor einiger Zeit gab es eine Kontroverse über EST, ausgelöst durch eine Untersuchung des Italieners De Canolis. Im englischsprachigen Raum gab es jedoch nur eine Zusammenfassung seiner Ergebnisse, die seine Untersuchung grob verzerrte und aus der man scheinbar entnehmen konnte, daß EST nicht wirksam ist. In der Untersuchung von De Canolis wurden hohe Dosen von Imipramin (ein trizyklisches antidepressives Medikament) mit Elektroschockbehandlung verglichen. In Wirklichkeit wies De Canolis allerdings nach, daß EST bei depressiven Patienten wirksamer war als Imipramin, und, was vor allem wichtig ist, ähnliche Ergebnisse wurden auch bei schweren Depressionen erzielt.

Die Diskussion über die Überlegenheit der EST über antidepressive Medikamente geht weiter. Langsam erkennen wir, daß EST schneller wirkt und etwas sicherer ist als antidepressive Drogen. Sie wirkt auch besser bei Frauen als bei Männern. Gedächtnisschwund und Kopfschmerzen sind weiterhin Nachteile, besonders wenn die Elektroden an beiden Seiten des Kopfes angebracht werden. Sie ist nicht ohne Gefahren, obwohl eine Untersuchungskommission feststellte, daß der Tod nur „äußerst selten" eintrat. EST ist in der Tat sehr viel weniger gefährlich als eine weiterhin unbehandelte Depression oder eine Behandlung mit trizyklischen antidepressiven Medikamenten.

In einer Untersuchung, die 1976 veröffentlicht wurde, verfolgten Avery und Winokur den Fortschritt von 519 depressiven Patienten, von denen einige mit EST behandelt worden waren, andere mit „ausreichenden" antidepressiven Medikamenten und eine dritte Gruppe jüngeren Alters, die überhaupt nicht behandelt worden waren. Im Laufe der drei Jahre war die Zahl der Tode (Herzerkrankungen, Krebs, Schlaganfällen und Selbstmord) in der mit EST behandelten Gruppe bemerkenswert gering. In der Gruppe, die mit antidepressiven Medikamenten behandelt worden war, war die Todesrate etwas geringer (obgleich nicht in „statistisch bedeutendem" Maß) als in der unbehandelten Gruppe. Die gleichen Forscher untersuchten ihre Daten noch einmal und veröffentlichten 1978 eine Untersuchung von Selbstmordversuchen bei den 519 Patienten während der ersten sechs Monate nach der Behandlung. Bei EST Patienten betrug die Rate der Selbstmordversuche 0,8 %. Bei Patienten, die größere Dosen von antidepressiven Medikamenten einnahmen, lag die Rate der Selbstmordversuche bei 4,2 %, während sie bei Patienten die kleinere, aber „ausreichende" Dosen antidepressiver Medikamente einnahmen, auf 7,0 % angewachsen war.

Depression kann töten. Die beiden häufigsten Todesursachen scheinen Herzkranzerkrankungen und Selbstmord zu sein. Seltsam, daß bei Patienten, die mit EST behandelt wurden, die Todesrate durch Krebs, Herzkrankheiten und Schlaganfälle wesentlich niedriger liegt als bei denen, die mit antidepressiven Medikamenten behandelt wurden. Wir können nur annehmen, daß eine Depression vielleicht die Widerstandskraft des Körpers gegen Krankheiten herabsetzt oder daß antidepressive Medikamente die Anfälligkeit für diese Krankheiten erhöhen. Auf jeden Fall ist jetzt klar, daß die vielgefürchtete „Schockbehandlung", wenn sie unter modernen Bedingungen durchgeführt wird, die sicherste und wirksamste Behandlung schwerer Depressionen ist.

Sie ist vor allem wertvoll bei der Behandlung älterer Patienten, bei denen eine Verwirrung oft der Altersschwäche zugesprochen wird. Doch bei einer ganzen Reihe von Patienten entstand die Verwirrung durch eine nicht diagnostizierte Depression.

Unter den „geistesschwachen" Patienten, die während der vergangenen zwölf Monate in meine Behandlung kamen, waren drei (86, 82 und 79 Jahre alt), die alle an „Verwirrung" und „Schwachsinn" litten. Zwei hatten ernste Herzerkrankungen, und einer konnte nicht schlucken. Nach sehr sorgfältigen und gründlichen medizinischen und psychiatrischen Untersuchungen schien festzustehen, daß alle drei an schweren Depressionen litten. In Beratung mit Internisten und Narkoseärzten entschieden wir, daß EST die sicherste und menschlichste Form der Behandlung wäre. Zwei von den Patienten leben noch heute allein und versorgen sich selbst. Ihre „Geistesschwäche" ist verschwunden. Ich will hier nicht den Eindruck vermitteln, daß alle älteren Leute depressiv sind. Doch die Verwirrung mancher älterer Patienten ist tatsächlich auf eine Depression zurückzuführen und läßt sich gut mit EST behandeln.

Die Diskussion entzündet sich an der Frage, ob EST Patienten gegen ihren Willen aufgezwungen werden sollte. Ich will hier nicht auf die komplexen ethischen Fragen eingehen. Das Gesetz in meinem Staat gibt mir das Recht, dem Patienten eine Behandlung aufzuzwingen, „wenn eine Gefahr für den Patienten oder andere Personen besteht." In den wenigen Fällen, wo ich Patienten dazu gezwungen habe, sich einer Elektroschocktherapie zu unterziehen, war es mein primäres Ziel, sie vor einem Selbstmord zu bewahren. Alle waren im Nachhinein für mein Eingreifen sehr dankbar.

1965 veröffentlichte ein britischer Psychiater, der selbst eine Elektroschocktherapie erlebt hat, seine Eindrücke. Hier ein längeres Zitat aus dem Artikel:

„Ich bin praktizierender Psychiater, der persönliche Erfahrung mit EST gegen Depression als ambulanter Patient in verschiedenen Krankenhäusern gemacht hat. Vor drei Jahren hatte ich meine erste Behandlung, und gerade habe ich eine Reihe von fünf Behandlungen hinter mir.

Es ist vielleicht hilfreich, das subjektive Erlebnis der Behandlung so objektiv wie möglich zu schildern, denn es gibt scheinbar sehr viel unbegründete Angst vor EST. Viele meiner Kollegen verurteilen diese Form der Behandlung als brutalen Angriff auf die Person, und ich weiß von Fällen, wo sie Patienten eine EST vorenthalten haben, denen sie ohne Zweifel viel Erleichterung gebracht hätte oder für die es vielleicht sogar hätte lebensrettend sein können. Aus meiner persönlichen Erfahrung weiß ich, daß es sich um eine äußerst wirksame Behandlung von Depressionen des endogenen oder nicht-reaktiven Typs handelt, mit dem großen Vorteil, daß ein gewisses Maß an Erleichterung fast immer sofort zu spüren ist.

Mit modernen Narkosemethoden und entspannenden Drogen verliert der Patient schnell das Bewußtsein und erlebt nichts weiter, bis er wieder aus der Narkose erwacht.

Danach sind leichte Gleichgewichtsstörungen zu bemerken, die jedoch nach wenigen Stunden verschwinden; in der zweiten Behandlungsreihe (in einem anderen Krankenhaus) empfand ich Übelkeit nach der Behandlung, und zweimal mußte ich mich während der Heimfahrt im Auto übergeben. Es war mir nicht möglich, festzustellen, ob die anderen Arbeitsmethoden im zweiten Krankenhaus oder sonst irgendein Unterschied für die Übelkeit verantwortlich war.

Eine andere leicht unangenehme Nebenwirkung, die ich jeweils nach der ersten Behandlung der Reihe erlebte, war eine Steifheit des Kiefers, die etwa einen Tag lang anhielt.

Eine der bekanntesten Nebenwirkungen der EST ist der Gedächtnisverlust, den sie hervorruft. Das mag manchen Patienten erschrecken, denn ganze Bereiche der Erinnerung scheinen spurlos ausgelöscht zu sein. Vor allem scheint die Erinnerung an Ereignisse während und vor der Behandlung betroffen zu sein. Erinnerungen an Ereignisse, die vor mehreren Jahren stattfanden, sind selten beeinträchtigt. Die Art und Weise, in der das Gedächtnis zurückkehrt, ist sehr interessant. Wenn ein Ereignis beschrieben wird, das man völlig vergessen hat, hört es sich seltsam und unbekannt an. Man hat das Gefühl, daß einem etwas vorgemacht wird: die Einzelheiten der Geschichte erscheinen unnatürlich ausführlich, als ob man versuchte, sie besonders glaubwürdig erscheinen zu lassen. Dann scheint einem ein Bruchstück der Geschichte wahr vorzukommen; man erkennt zum Beispiel einen Namen wieder, und plötzlich erinnert man sich an eine Reihe von Ereignissen und Tatsachen in logischer Reihenfolge, wobei ein Element zum nächsten führt. Die Offenbarung vermittelt ein ausgeprägtes Gefühl der Unwirklichkeit, als ob man sich von etwas überzeugen wollte, das erfunden ist. Man tastet sich der Reihe von Ereignissen und Tatsachen entlang, als erfahre man sie zum ersten Mal. Dieses Gefühl der Entfremdung ist sehr stark, selbst wenn man mit unwiderlegbaren Beweisen konfrontiert wird. Es ist, als ob die bruchstückhaften Elemente das Gedächtnis auf diese Weise wiederherstellen. Obwohl es sich um ein seltsames Erlebnis handelt, ist es in mancher Hinsicht sehr schön. Es ist, als ob man endlich einmal einige Aspekte des Lebens mit neuen Augen sieht. Man könnte spekulieren, daß die Fragmentierung der Wahrnehmung und die Gelegenheit des neuen Zusammenfügens, die sich daraus ergibt, eine der therapeutischen Wirkungen der EST sein kann ...

Ich schreibe nur fünf Tage nach meiner letzten Behandlung, und mein Gedächtnis hat immer noch Lücken, obwohl ich zuversichtlich bin, daß sich diese schließen werden. Mittlerweile finde ich das Zusammenfügen der Stücke ganz amüsant. Ich bin nicht mehr traurig. Jeden Tag fühle ich mich voller Kraft und Energie und freue mich auf eine sichtbare Verbesserung."

Ich hoffe, daß dieser Bericht den falschen Glauben berichtigen wird, daß EST eine furchtbare Behandlungsmethode ist, die den Patienten mißhandelt. Die Methoden sind heute so gut, daß der Patient so wenig Unbehagen wie möglich hat, und die therapeutische Wirkung ist so groß, daß es schade wäre, wenn die EST den Patienten aus falscher Rücksichtnahme oder Mitleid vorenthalten würde.

DIE HEILUNG DES GANZEN MENSCHEN

Zu Beginn dieses Buches habe ich hoffentlich klar gemacht, daß die Depression viele Gesichter haben kann. Vielleicht handelt es sich um eine Laune, eine Krankheit oder um Wahnsinn. Die Forschung in diesen Bereichen geht ständig weiter, und ich werde von Zeitschriften überhäuft, die von meinen Erkenntnissen berichten, doch manchmal auch neue Verwirrung stiften.

Von einem bin ich jedoch überzeugt: Menschen sind ganzheitliche Wesen, und als Psychiater muß ich sie als solche behandeln. Ich werde das Gemüt nicht getrennt vom Körper behandeln oder umgekehrt. Mit Gottes Gnade behandle ich Personen und nicht Krankheiten, ich habe mit Sündern zu tun und nicht mit Syndromen. Ich muß die Person behandeln, nicht das Gemüt, das Gehirn, das zentrale Nervensystem oder den Körper. Und wie primitiv unsere Waffen auch sein mögen, sie sind wirksam und wir müssen sie gebrauchen.

Mein Problem besteht darin, wirklich der ganzen Person helfen zu können. Ich glaube, daß ich Patienten gut untersuchen kann, sie angemessenen Tests unterziehe und zu vernünftigen Schlüssen über das Problem komme. Aber der leidenden Person wirklich zu helfen, setzt vielleicht Fähigkeiten voraus, die ich nicht besitze.

Ich kann Medikamente und EST verschreiben, wenn es nötig ist, und tue das auch. Ich verbringe Zeit mit Patienten, vor allem in den frühen kritischen Phasen ihrer Krankheit, ich höre ihren Zweifeln und Ängsten zu, befrage Mitglieder ihrer Familie, deren eigene Ängste und sogar Feindschaft ich vielleicht überwinden muß.

Manchmal arbeite ich auch mit den Methoden der kognitiven Therapie: Funktion kann Materie, der Geist den Körper beeinflußen.

Was die erstaunliche Anzahl neuer Entdeckungen angeht, so bin ich dazu gezwungen, meine Lektüre streng auszuwählen. Ich erkenne, daß ich nicht nur in dem, was ich lerne und praktiziere, begrenzt bin, sondern auch in meinen Fähigkeiten, die verschiedenen Therapiemöglichkeiten anzuwenden. Ich bin mit dem Beitrag der Verhaltensforschung zur Depression noch nicht zufrieden, aber werde trotzdem einen Behavioristen konsultieren, wenn ich meine, daß sein Fachwissen von Wert sein kann.

Ich arbeite auch mit Seelsorgern zusammen. Zeitmangel und ein voller Arbeitsplan hindern mich oft daran, meinen Patienten soviel Zeit zu widmen, wie ich es gerne täte. Darum sorge ich dafür, daß ein Seelsorger oder Pastor meinen Patienten häufiger sieht und sich um die geistlichen oder psychologischen Probleme kümmert. Eine solche Zusammenarbeit setzt natürlich eine gute Kommunikation zwischen mir und meinem Mitarbeiter voraus. (In diesem Zusammenhang eine Buchempfehlung für alle Seelsorger, die auch im Bereich der Psychologie arbeiten wollen: Paul C. Vitz, Psychologie als Religion.)

Pastoren sind die wichtigsten Verbündeten des christlichen Psychiaters. Zu oft jedoch wollen Pastoren unsympathische oder schwierige Mitglieder ihrer Gemeinden bei uns loswerden: „Hier Arzt", heißt es dann, „übernehmen Sie diesen Fall". Manche Patienten versetzen mich in Wut, wenn sie mein Büro anrufen und sagen: „Pastor X hat mir gesagt, ich soll mit ihnen einen Termin ausmachen." Trotzdem können Pastoren und Psychiater zu der Behandlung depressiver Krankheit etwas beitragen.

Es ist mein Gebet, daß dieses Buch am Anfang einer solchen Zusammenarbeit stehen möge.

Nachwort

Zum Abschluß dieses Buches liegen mir zwei Dinge am Herzen: Eines betrifft die Personen, die von Psychiatern behandelt werden, das andere die Seelsorger, die sich um sie kümmern.

DIE AUSGESTOSSENEN

Unter den Patienten, die diese Woche zu mir ins Büro kamen, waren zwei evangelikale Christen, die unter einer schweren Depression gelitten hatten. Beide hatten sich inzwischen gut erholt, wurden aber immer noch mit Medikamenten behandelt. Die erste, eine verheiratete Frau Mitte dreißig, war durch Reaktionen der Mitglieder ihrer Gemeinde nach ihrer Entlassung aus dem Krankenhaus verletzt worden. Dazu gehörte auch das Verhalten des Leiters der Sonntagsschule. Ohne Wissen meiner Patientin hatte er jemanden gebeten, ihr in der Sonntagsschulklasse zu helfen, die sie seit Jahren unterrichtete und mit der sie (ihrer eigenen Ansicht nach) immer gut zurechtgekommen war. Als sie den Gruppenleiter ansprach, um den Grund für diese Änderung herauszufinden, sagte er ihr: „Nun, wir wußten, daß es dir nicht so gut ging, deshalb dachten wir, daß es leichter für dich wäre, wenn dir jemand hilft." (In Wirklichkeit stand sie jetzt unter größerer Belastung, weil ihr Mitarbeiter einen ganz anderen Unterrichtsstil hatte).

Die Reaktion des Sonntagsschulleiters ist verständlich, aber tadelnswert. „Es wäre ja nicht so schlimm gewesen, wenn er vorher mit mir darüber gesprochen hätte. Er war scheinbar so verlegen, daß ich mir wie eine Aussätzige vorkam. Als ich krank war, haben sie nichts getan; jetzt, wo ich wieder gesund bin, geschieht nun *dieses.*" Ihre Reaktion war vielleicht übertrieben. Doch sowohl ihre eigene als auch die Reaktion der anderen haben den gleichen Ursprung: die Schande, die daraus erwächst, daß *man eine psychiatrische Behandlung durchgemacht hat,* besonders wenn es sich um eine Depression handelt, die „ein Christ nicht haben sollte".

Mein zweiter Patient war ein Mann in den Fünfzigern, der im Laufe der vergangenen sieben Jahre in jedem Jahr 10 Monate lang an schwerer Depression gelitten hatte. Seine außerordentlichen Fähigkeiten hatten es ihm ermöglicht, den Anforderungen seines Berufes zu genügen, obwohl seine Leistung weit unter seinem eigentlichen Niveau lag. Während seiner letzten Depression hatte er an Selbstmord gedacht. „Aber ich hätte große Schwierigkeiten, darüber in der Gemeinde zu sprechen ... Es ist mir noch zu frisch im Gedächtnis." Seine Reaktion entspringt ebenfalls dem Wissen, daß die Depression und der Selbstmord in christlichen Kreisen weithin ein Tabu sind.

Das Tabu ist weitverbreitet. Ein Gemeindevorstand beschloß, eine Gemeindehelferin ihres Amtes zu entheben, weil „sie mit irgendwelchen psychiatrischen Medikamenten behandelt wird" (sie nahm antidepressive Medikamente ein). Das Problem war nicht, ob sie sich für ihr Amt eignete, sondern die Einnahme der Medikamente. Der Vorstand wußte nicht, daß die Sekretärin, die das Protokoll der Vorstandssitzung führte, (und die meine Patientin war), die gleichen Medikamente einnahm. Man kann sich ihre Reaktion vorstellen. Wer würde ihr Verständnis entgegenbringen, wenn der Vorstand der Gemeinde eine solche Einstellung hatte? Würde sie auch ihres Amtes enthoben werden, wenn der Vorstand von ihrem Zustand erfuhr?

Das Tabu hat zwei Ursachen: Zunächst einmal haben wir Angst und verhalten uns Menschen mit psychischen Problemen gegenüber unsicher. Wir behandeln sie wie „Aussätzige" oder Ausgestoßene. Doch es gibt keine Entschuldigung für unsere Ängste, vor allem dann nicht, wenn es sich bei den Patienten um Christen handelt.

Die zweite Ursache liegt in unserer Unwissenheit in bezug auf das Wesen depressiver Krankheit. Wie wird Christus uns am Jüngsten Tag richten? Jesus wurde von den religiösen Leuten seiner Zeit verachtet, weil er mit „Zöllnern und Sündern" verkehrte. Er war ein Arzt, der sich bei den Kranken aufhielt, und die „Kranken" waren gewöhnlich jene, denen die achtbaren Bürger aus dem Weg gingen und gehen.

Aber meine Patienten durchschauen das alles. Sie sind sich über die Tabus und Zurückweisungen genauso im klaren wie diejenigen, denen es besser geht. Ich tröste sie oft damit: „Es spielt keine Rolle, wie deine Brüder und Schwestern im Herrn sich benehmen, Christus selbst versteht dich. Er hat dich nicht verlassen." Aber was schließen meine Patienten aus dem, was ich sage? Die einzige Schlußfolgerung, die sie daraus ziehen können, ist, daß Christus ganz anders ist als die meisten Christen. Und sie haben recht.

In diesem Buch habe ich auch die schmerzhaften Selbstbeschuldigungen besprochen, die manche Depressive erleiden, wenn sie mit der „Hab-mehr-Glauben-und-tritt-dich-selbst-in-den-Hintern" – Parole konfrontiert werden. Eine solche Haltung ist nicht bei denen geboten, die krank sind, sondern höchstens bei solchen, die voller Sorgen oder Selbstmitleid sind. Diese Einstellung hat bei kranken Menschen schon unsagbaren Schaden angerichtet.

DEPRESSIVE SEELSORGER

Mein zweites Anliegen ist: Seelsorger, Psychologen und Pastoren werden auch depressiv. Leider haben Personen, die es gewohnt sind, in der Rolle des Helfers zu fungieren, die größeren Schwierigkeiten, fachkundige Hilfe zu finden und davon Gebrauch zu machen.

Auch hier handelt es sich um unnötige Scham. Man sagt, daß Ärzte und Krankenschwestern die schlechtesten Patienten sind. Seelsorger, Pastoren, Psychologen und Psychiater sind ähnlich schlechte Patienten und Klienten. Bei ihnen verbindet sich die Scham angesichts ihrer Unfähigkeit, mit ihren Problemen fertigzuwerden, mit der Scham, von einem Kollegen abhängig zu sein.

Es ist unbedingt notwendig, daß sich der depressive Seelsorger schnell um Hilfe bemüht. Ich kann mir nichts Erbärmlicheres vorstellen als einen tief depressiven Seelsorger, der einem tiefdepressiven Klienten zuhört. Depressive Seelsorger tappen im Dunkeln. Sie müssen robust und selbstbewußt sein, um ihre Aufgabe zu erfüllen. Während sie einerseits der Versuchung widerstehen müssen, voreilige Schlüsse zu ziehen, so müssen sie andererseits in der Lage sein, wichtige Entscheidungen zu treffen. Aber wenn unsere Denkvorgänge langsamer ablaufen, unsere Stimmung, unser Selbstvertrauen am Nullpunkt ist, sind wir zu unentschlossen, um jemanden helfen zu können. Es ist wahr, daß ein guter Seelsorger mehr zuhört als spricht, aber damit ist keinesfalls gesagt, daß er sich passiv verhalten soll. Deshalb sollten Seelsorger, wenn sie deprimiert sind, selbst Hilfe suchen und den Urteilen der Personen trauen, die sie beraten.

Bevor es dazu kommt, tritt jedoch noch eine andere Schwierigkeit auf. Seelsorger (vor allem Pastoren) sind oft die letzten, die ihren Zustand richtig einschätzen.

Dafür gibt es gute Gründe. Pastoren und Seelsorger sehen (wie Christen im allgemeinen) ihre Müdigkeit, ihr Zögern zu beten und die Bibel zu lesen als geistliche Probleme, die sie ja auch sein können. Aber manchmal ist das wahre Problem der Anfang einer Depression.

Pastoren müssen ein Vorbild für ihre Gemeinde sein. Wenn sie emotional überfordert sind, wird die Vorbereitung der Predigten zur lästigen Pflicht und die Hausbesuche zu einer Qual. „Was für ein Pastor bin ich, wenn ich keinerlei Liebe für die Mitglieder meiner Gemeinde empfinde? Wenn ich keine Botschaft für sie habe? Wenn ich ein schlechter Vater und Ehemann bin? Wenn ich faul bin und wünschte, ich könnte aus dem Pfarrdienst scheiden?"

Leider muß ich sagen, daß die christliche Umgebung zu diesen Schwierigkeiten noch beiträgt. Wenn ein Pastor versucht, seine Schwierigkeiten mit einem Freund zu besprechen, wird er mit Phrasen abgespeist oder ihm werden Bücher über die Schrecken des geistlichen Kampfes empfohlen.

Bücher über den geistlichen Kampf haben durchaus ihren Platz im Christenleben. Mir geht es hier jedoch um den wahren Zustand des Pastors oder Seelsorgers. Arbeitet er lediglich zuviel, oder muß man sich um ihn kümmern und für ihn beten? Braucht er nur einen Urlaub oder ist er psychisch krank?

Ich möchte jedem, der sich in einer solchen Situation befindet, raten, sich um die Hilfe eines kompetenten Fachmannes zu bemühen. Fragen Sie Ihren Arzt nach einem christlichen Psychologen. Irgendwo wird es Hilfe für Sie geben. Gott hat Sie nicht verlassen.

Das Ziel dieses Buches bestand darin, Christen darüber zu informieren, was Depression ist und was man dagegen tun kann. Ich möchte Ärzten, Psychologen, Pastoren und Seelsorgern sowie der christlichen Öffentlichkeit die Hand reichen im Kampf gegen diese weitverbreitete Krankheit, die durch die unsachgemäßen Ratschläge mancher Christen oft noch verschlimmert wird.

Wenn Sie selbst depressiv sind, suchen Sie Hilfe. Es kann sein, daß Ihr Leid Sie dazu führt, anderen später in ähnlichen Schwierigkeiten zu helfen. Und wenn Sie nicht depressiv sind, aber mit mir den gleichen Kampf kämpfen, möchte ich Sie dazu ermutigen, zu meinem kleinen Beitrag die Summe Ihrer Erkenntnis bei der Behandlung depressiver Personen hinzuzufügen.

Reichen wir uns die Hände. Die Aufgabe, die vor uns liegt, ist schwierig und hart, aber mit Gottes Hilfe brauchen wir uns vor dem Ausgang nicht zu fürchten.

Antwort auf Lebensfragen

In dieser Reihe sind bisher erschienen:

Klaus Berger
OHNE LIEBE KEIN LEBEN
Edition C, Nr. S 1, 112 Seiten

Wer nicht liebt, kennt Gott nicht

Thomas Kopka
SEHNSUCHT OHNE HOFFNUNG
Edition C, Nr. S 2, 112 Seiten

Die Persönlichkeitsentwicklung zum Selbstmord im Licht des biblischen Menschenbildes

David Seamands
HEILUNG DER GEFÜHLE
Edition C, Nr. S 3, 120 Seiten

„... so werdet ihr recht frei"

David Seamands
BEFREIT VOM KINDISCHEN WESEN
Edition C, Nr. S 4, 154 Seiten

„... tat ich ab, was kindisch war"

Dwight L. Carlson
LEBEN UND NICHT MÜDE WERDEN
Edition C, Nr. S 5, 200 Seiten

Ein Ratgeber gegen Angst, Erschöpfung, Depressionen

John White
DIE MASKEN DER MELANCHOLIE
Edition C, Nr. S 6, 184 Seiten

Depression hat viele Gesichter

Bernd Beuscher
KEINE ZUKUNFT FÜR ILLUSIONEN
Edition C, Nr. S 7, 100 Seiten

Heilsame Enttäuschungen in Theologie und Psychoanalyse

**VERLAG DER FRANCKE-BUCHHANDLUNG GMBH
MARBURG AN DER LAHN**

*Von John White sind außerdem
im Verlag der Francke-Buchhandlung GmbH erschienen:*

EROS — SEGEN ODER FLUCH
Edition C, Nr. T 25, 168 Seiten

Mit großer Hochachtung vor der Liebe hat John White dieses Buch geschrieben. Es ist liebes- und lebensbejahend im besten Sinne.

DER PREIS DER NACHFOLGE
TELOS-Taschenbuch Nr. 275, 96 Seiten

Ist Jesu Lehre vom Kreuz nur dann aktuell, wenn nachts die Geheimpolizei Türen einschlägt?

DIE GOLDENE KUH
TELOS-Paperback Nr. 1198, 160 Seiten

Es geschah im ersten Jahrhundert, da trieb Jesus die Geldwechsler aus dem Tempel. Wie würde er heute auf die immer größer werdende Inbesitznahme der Kirche durch materielle Dinge reagieren?

DER KAMPF
TELOS-Paperback Nr. 1208, 184 Seiten

John White führt uns durch die grundlegenden Bereiche des christlichen Glaubens, in denen wir unser Leben lang ringen müssen.

ELTERN IM SCHMERZ
TELOS-Paperback Nr. 1220, 208 Seiten

Viele Eltern werden mit Problemen ihrer Kinder konfrontiert, mit denen sie nicht fertig werden. Das Buch will Trost geben und bezeugen, daß es einen Gott gibt, der seine befreiende und helfende Wahrheit für alle bereithält.

DU DARFST ZU IHM KOMMEN
TELOS-Paperback Nr. 1227, 128 Seiten

Der Verfasser beschäftigt sich mit Gebeten von Menschen aus der Bibel. Menschen im Gebet sind Menschen, die offen sind für Gott.

GLAUBEN HALTEN!
Edition C, Nr. C 213, 168 Seiten

Hier ist eine Ermutigung für alle, die als Jünger Jesu den Langstreckenlauf des Glaubens siegreich bestehen wollen.

HEILUNG FÜR VERWUNDETE
Edition C, Nr. C 233, 224 Seiten

Dieses Buch befaßt sich mit einem Problem, das unter Christen oder in den Gemeinden oft verdrängt wird: Gemeindezucht.